熟成ケーキ

シュトーレン、クグロフ、プディングetc.

寝かせて美味しい珠玉のお菓子レシピ

磯貝由恵

河出書房新社

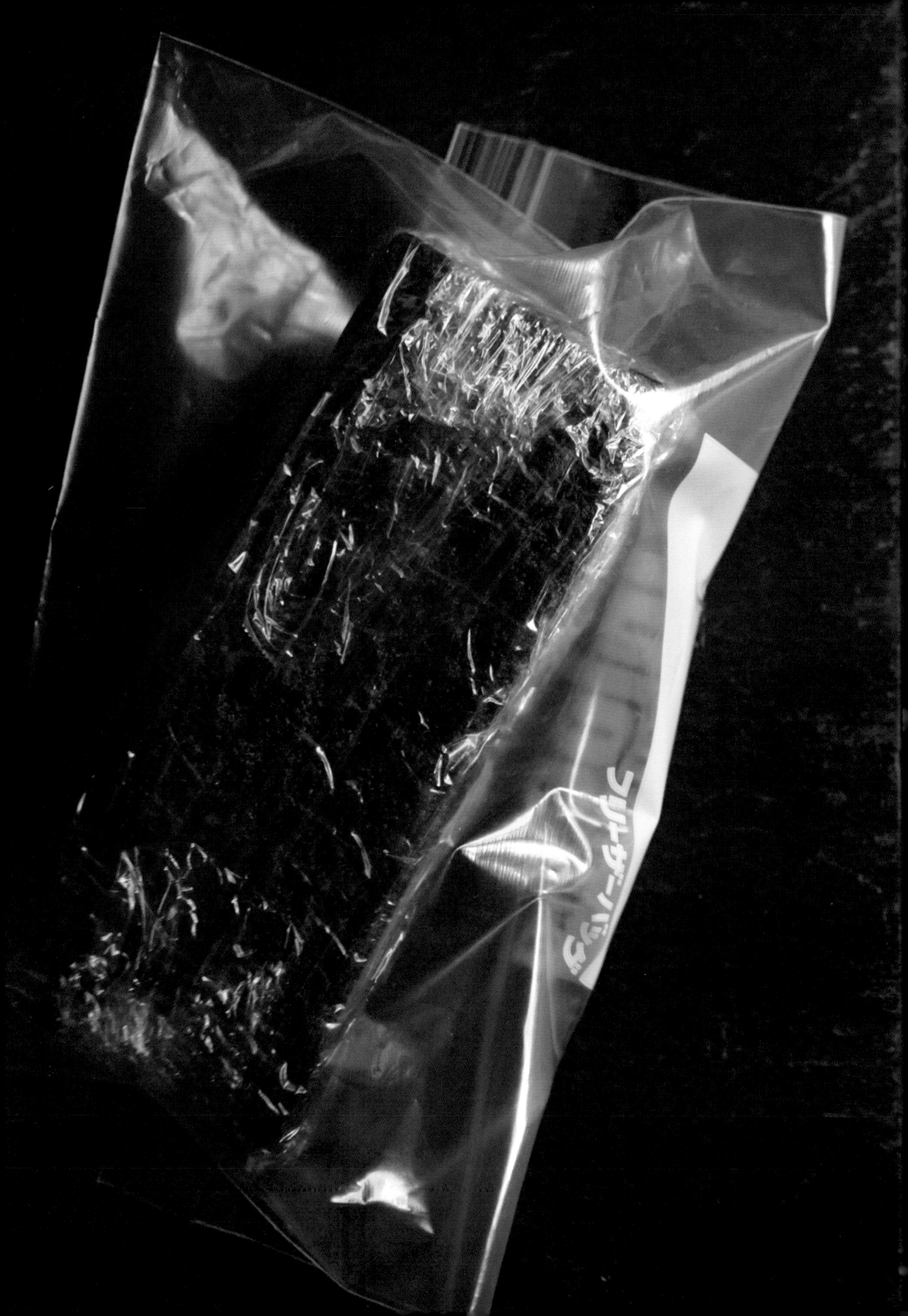
フリーザーバッグ

はじめに

「今年も焼く?」と毎年リクエストをもらう、熟成ケーキ。

秋口になると仕込み、クリスマスまで熟成させながら、食べごろを待ちます。

洋酒に漬け込んだたっぷりのドライフルーツ、

ナッツやスパイス、はちみつなどが入ったこのケーキは、

今日よりも明日、明日よりも明後日と、

時間をおくごとに素材の風味が生地に移っていき、熟成味が作られます。

起源は古代ローマ時代にさかのぼるといわれ、豊作を願い、

前年の秋季に収穫したフルーツやナッツを保存してケーキを作っていたそうです。

そんな古くから伝わる伝統菓子をヒントに、本書で紹介する熟成ケーキは、

日本の風土に合わせた素材、熟成と保存方法を考え、生まれたレシピです。

作り方はいたってシンプルですが、少し贅沢な素材を使い、

時間をかけて作り上げる深い味わいは、特別なおいしさがあります。

食べごろまで待つ時間は、作る側にも食べる側にもよろこびのあるひとときです。

ゆっくりと時間とともに変化していく味わいを楽しみながら、

この本のケーキを通じて人が集い、

食卓を囲む時間を大切にするきっかけになれば幸いです。

磯貝由恵

Contents

はじめに …… 3

3つのタイプの
熟成ケーキを紹介します …… 6

熟成味を作る素材 …… 8

熟成&保存のための
4つのポイント …… 10

Part 1

—

ベイクドタイプ

Baked type

ダークケーキ …… 14

黒ビールケーキ …… 16

オレンジアプリコット …… 18

シリアルサンド …… 19

干し柿のノンシュガー・
ノンオイルケーキ …… 22

マジパンいちじく …… 23

はちみつレモン …… 24

パイナップルビール …… 28

ナッツにんじんバー …… 28

黒糖バナナ …… 29

りんごオーツ …… 29

スパイスかぼちゃ …… 30

オレンジスパイス …… 32

ラベンダーレモン …… 32

ローズマリーオリーブ …… 34

ヴィンテージレッド …… 35

メープルジンジャー …… 36

抹茶レモンミント …… 36

はちみつカカオ …… 38

Part 2

—

スチームタイプ

Steam type

クリスマスプディング …… 42

フレッシュレモン …… 44

抹茶パイナップル …… 46

ダークチョコ …… 47

黒糖ビール …… 50

ベリーチーズ …… 51

オレンジコーヒー …… 52

柿りんご …… 54

くるみはちみつ …… 55

ジンジャージンジャー …… 56

白みそ杏 …… 58

ココナッツバナナ …… 60

Part 3

—

イーストタイプ

Yeast type

シュトーレン …… 64

ババ …… 68

ライ麦スパイスババ …… 69

カカオベリーババ …… 69

クグロフ …… 72

クグロフショコラ …… 73

オレンジイーストケーキ …… 74

カプチーノイーストケーキ …… 76

りんごのイーストケーキ …… 77

—

材料について …… 78

型について …… 79

作りはじめる前に

- 大さじ1＝15ml、小さじ1＝5ml、1カップ＝200mlです。
- オーブンは電気オーブンを使用しています。加熱時間は目安です。メーカーや機種により異なる場合があるので、様子を見ながら調整してください。

食べごろと
保存期間について

本書ではおすすめの食べごろと
保存期間の目安を各レシピにマークで示しました。

おいしい食べごろ

0ヶ月後〜

レシピの最後に書いてある寝かせる期間を過ぎれば、
いつ食べてもよいですが、よりおいしく味わうことができる、
おすすめの食べごろを表示しました。

保存期間

0ヶ月

冷暗所（15℃以下）で保存してください。
素材の鮮度や季節により異なる場合があるので、
表示の保存期間を目安に判断してください。

3つのタイプの熟成ケーキを紹介します

Part 1　**Baked type**

保存期間：　3週間〜6ヶ月

ベイクドタイプ

普通の焼き菓子のように、材料を混ぜて型に流し込み、オーブンで焼くだけです。アルコールやはちみつ、オリーブオイルなど保存効果のある素材を使い、フルーツの凝縮した果実味、スパイスやハーブの深みのある風味を楽しみます。

Part 2　**Steam type**

保存期間：　3週間〜3ヶ月

スチームタイプ

作り方の流れや素材の使い方はベイクドタイプと同じですが、オーブンで焼くのではなく、蒸し器で蒸します。蒸し上がり直後でもおいしくいただけますが、熟成させると、素材の濃厚な風味としっとりとした食感が味わえます。

Part 3　**Yeast type**

保存期間：　2週間〜2ヶ月

イーストタイプ

素材の使い方はベイクドタイプと同じですが、天然酵母のイーストで生地を発酵させてから焼くのが特徴です。発酵食品なので身体によく、保存性の高いケーキになります。シュトーレンやババ、クグロフといった伝統菓子もこのタイプ。

熟成味を作る素材

アルコール

—

アルコールの力で砂糖の甘さは角が取れてまろやかになり、粉っぽさが消えて口当たりもなめらかになります。ドライフルーツを漬けたり、鍋で煮たり、焼き上がったケーキに塗ったり（フィーディング P.10）とレシピによって使い方はさまざま。アルコール度数の高い蒸留酒は、殺菌力があるため日持ちがよくなります。本書ではラム酒、ブランデー、キリュッシュ、ウォッカなどを使用。ビール、ワインなどの醸造酒は、殺菌効果はありませんが、洗練された豊かな風味を作ります。

甘み

—

砂糖は浸透圧の作用で腐敗菌の増殖を防ぐため、保存食にもよく使われます。本書では焼き上がったケーキにシロップをしみ込ませる保存方法を紹介しています。砂糖はグラニュー糖のほか、ミネラルやビタミンを含むブラウンシュガー、黒糖を使用。はちみつは殺菌力と保湿成分を含むため、熟成とともにしっとりとした食感になり、豊かな複雑味が味わえます。サトウカエデの樹液を煮詰めたメープルシロップは、自然の香気成分が、熟成するとバニラや木の実のような風味に。

油脂

—

生地に柔軟性を与えて乾燥を防ぐとともに、熟成することで口当たりがよくなり、コクや風味が増します。バターは生地に加えるほか、溶かしバターの上澄み液（澄ましバター P.64）を焼き上がったケーキに塗ることで、保存性を高める効果があります。抗酸化成分を含むオリーブオイルを使うと、バナナなど保存しにくい素材でも日持ちさせることができます。また、オイルの養分が素材そのもののおいしさを引き出し、フルーツなどの果実味も増して風味豊かに仕上がります。

時間をおくことで深い味わいになり、保存性を高める効果がある主な素材です。
これらの素材の使い方が、熟成ケーキのおいしさを作り出します。

ドライフルーツ / ハーブ

—

フルーツを天日干ししたドライフルーツは、ミネラル豊富で、天然の果糖が凝縮した味わいがケーキに深みを与えます。熟成することで、生地にフルーツの自然な甘みとおいしさが移っていきます。本書ではレーズン、ベリー、いちじく、アプリコット、デーツ、干し柿などを使用。香り豊かなハーブは保存効果もあり、トッピングに使うと見た目も華やかに。本書ではローズマリー、ドライラベンダーなどのほか、トウシキミの果実を乾燥させた香辛料・八角も使用。

スパイス

—

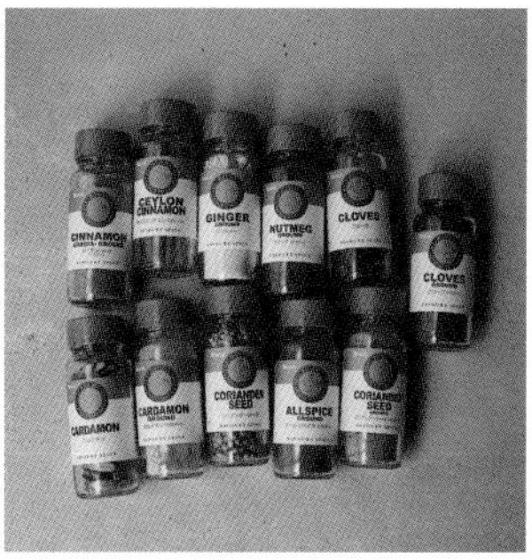

植物の根や茎、樹木の皮、種子、葉、花などを乾燥させた香辛料。油脂の酸化や腐敗菌、カビの発生を抑える効果があり、それぞれ豊かな芳香を持ちます。粉といっしょにふるって生地に加えたり、ドライフルーツとともに鍋で煮たりと使い方はレシピによってさまざま。熟成すると個性のある豊かな風味になります。本書ではシナモン、クローブ、コリアンダー、カルダモン、ジンジャーなどを使用。1つでシナモン、クローブ、ナツメグの香りを併せ持つオールスパイスも便利。

天然酵母（ドライイーストタイプ）

—

イーストタイプ（P.62〜）では、ドライイーストタイプの天然酵母を使用して生地をふくらませます。使用する前に人肌に温めた牛乳で溶かして水分を吸収させることで、生イーストの状態にもどして発酵力を回復させます。天然酵母のイーストは、ゆっくりと発酵するため風味がよく、保存効果も高まります。生地はもっちりとして引きがあり、焼きたてはパンのような風味もあります。シロップをたっぷりしみ込ませると、熟成によるおいしさが効果的に味わえます。

※本書のレシピで使用した「天然酵母（ドライイーストタイプ）」は「白神こだま酵母ドライ（株式会社サラ秋田白神）」です（お問い合わせ先 P.80）。
商品によって溶かさず粉に直接混ぜるタイプがあったりと、使用方法が異なる場合があるのでご注意ください（説明書の指示に従って調整してください）。

熟成&保存のための
4つのポイント

Point 1

アルコールを塗る

—

焼き上がったケーキにアルコールを塗ることを「フィーディング」といいます。殺菌作用のある蒸留酒を塗ることで保存性が高まり、アルコールの風味も時間をおくごとに深まります。レシピによって相性のよいお酒を使用していますが、中でも、さとうきびが原料であるラム酒は、きびの風味が高まり、砂糖を使うケーキと相性がよいです。

焼き上がったら型からはずして網にのせ、冷めないうちに刷毛でまんべんなく塗ります。長期熟成する場合はこれを週に1回くり返すとよいでしょう。

Point 2

シロップやグレーズをしみ込ませる

—

お菓子に塗る「シロップ」やつや出しのための「グレーズ」に、砂糖やはちみつ、レモン果汁といった殺菌作用や保存効果のある素材を使い、焼き上がったケーキにたっぷりとしみ込ませます。保存効果はもちろん、時間とともに味わいも深まり、熟成味が生まれます。また、はちみつには保湿成分も含まれているので、生地がしっとりする効果もあります。

型からはずして刷毛で塗り込むほか、型に入れたままシロップをかけ、ゆっくりとしみ込ませたあとに型からはずす方法もあります。

本書で紹介する熟成ケーキは、どれもシンプルな作り方ですが、
おいしく熟成させ、長期間保存するためには次の4つのポイントが大切です。

Point 3

生地を分離させない

—

材料を混ぜるだけのシンプルな作り方だからこそ、生地のキメによって熟成味に差が出ます。ひとつひとつの素材を分離させないように混ぜることがとても大切です。油脂分と水分が分離しているとカビが生えやすく、風味が落ちる原因になります。オリーブオイルは少しずつ加え、卵は卵黄と卵白に分けて順に混ぜるのが分離を防ぐコツです。

卵は卵黄と卵白に分け、乳化作用のある卵黄を混ぜたあと、水分の多い卵白を少しずつ加えながら混ぜます。

オリーブオイルは乳化させるように、少しずつ垂らしながら加え、たえず泡立て器で混ぜ合わせます。

粉類は、ボウルを回しながらゴムべらで「ノ」の字を書くように底から返し、粉気がなくなる程度に混ぜます。

Point 4

しっかり密封して冷暗所で保存する

—

焼き上がったケーキは、完全に冷ましてからラップで包み、保存袋に入れます。乾燥やにおい移りを避けるため、しっかりと密封するのが保存のポイントです。途中でカットしたケーキも同じです。温度管理も重要なので、15℃以下の冷暗所で保存しましょう。

空気に触れないようにラップで全体を包み(2〜3重にするとよい)、保存袋に入れて空気を抜きます。

Part 1

ベイクドタイプ

Baked type

材料を混ぜてオーブンで焼く、ベイクドタイプのケーキです。
焼き上がってから寝かせることで、深みのある贅沢なおいしさに。
作り方がシンプルだからこそ、使う材料がポイントです。
ドライフルーツ、フレッシュフルーツや野菜をふんだんに使い、
アルコールやスパイスなど熟成味を作る素材を合わせます。
熟成とともに果実の甘みや風味が凝縮し、生地にしみ込みます。
日ごとに変化していく味をゆっくり楽しんでください。

ダークケーキ → Page 14

おいしい食べごろ	保存期間
3ヶ月後〜	6ヶ月

ダークケーキ

15年以上焼き続けているクリスマスのためのケーキです。
秋口に仕込み、焼き上がり後、ラム酒やブランデーを塗りながらじっくり熟成させます。
食べるときは薄く切って、深みのある華やかな風味を少しずつ味わいましょう。

材料（20×9×高さ8cmのパウンド型 1台分）

A
- レーズン…70g
- サルタナレーズン*…30g
- ドライいちじく…50g
- オレンジピール…100g
  （またはオレンジのコンフィ P.44）
- レモンピール…50g
  （またはレモンのコンフィ P.44）
- ブランデー…50ml
- ラム酒…50ml

強力粉…大さじ1
バター（食塩不使用）…65g
グラニュー糖…65g
はちみつ…大さじ1
卵…1個
重曹…小さじ⅔
バニラビーンズ…⅓本

B
- 薄力粉…80g
- シナモンパウダー…小さじ⅓
- クローブパウダー…小さじ⅓

くるみ…50g
ラム酒…大さじ1と½

* サルタナレーズン
天日干しの時間が短く、明るい黄金色をしている。
酸味が少なくて甘さがあるのが特徴。

準備

- バターと卵は室温にもどす。
- ドライいちじくは5mm角に切り、オレンジピール、レモンピールは細かく刻む。
- 重曹は同量の水（分量外）で溶く。
- バニラビーンズは縦半分に切り、種をこそぎ取る。
- Bは合わせてふるいにかける。
- くるみは150℃に温めたオーブンで15分乾燥焼きをし、5mmくらいの粗みじん切りにする。
- 型にバター（分量外）を塗り、オーブンペーパーを敷く。

作り方

1.

鍋にAを入れて中火にかけ、水分がなくなるまで煮る。ざるに上げて冷まし、ボウルに入れて強力粉をまぶす。

2.

別のボウルにバターを入れてゴムべらでなめらかにし、グラニュー糖を加えてすり混ぜる。

3.

泡立て器に替え、白っぽくクリーム状になるまで混ぜる。

4.

はちみつ、卵、溶いた重曹、バニラビーンズの種の順に混ぜながら加える。

＊卵黄には乳化作用があり、卵白はほとんどが水分なので、卵黄、卵白の順に加えると分離しにくい。

5.

Bを再びふるいにかけながら加え、ゴムべらで「ノ」の字を書くように底から返しながら、粉気がなくなる程度に混ぜる。

6.

1、くるみ、ラム酒大さじ½を加え、生地につやが出るまで混ぜたら型に流し入れる。

7.

スプーンの背などで真ん中に筋を入れ、160℃に温めたオーブンで竹串を刺して何もつかなくなるまで50〜60分焼く。

8.

型からはずして網にのせ、残りのラム酒を刷毛で全体に塗って冷ます。

9.

ラップで包み、保存袋に入れて冷暗所で10日ほど寝かせる。

＊週に1回ラム酒またはブランデー（分量外）を刷毛で塗り、保存効果を上げる。

おいしい食べごろ	保存期間
1ヶ月後〜	4ヶ月

黒ビールケーキ

たっぷりのドライフルーツをスパイスとともにアルコールで煮て3日間漬けます。
ビールのコクと柑橘類の香りが、このケーキの味のポイント。
最初はパンチがありますが、熟成とともに洗練されてエレガントな味わいになります。

材料（直径18cmのケーキ型 1台分）

A
- バター（食塩不使用）…90g
- ドライフルーツ…450g
  （好みのものでよい。本書ではレーズン200g、サルタナレーズン100g、デーツ50g、ドライアプリコット50g、ドライいちじく50gを使用）
- ブラウンシュガー…90g
- レモン果汁…大さじ1
- レモンの皮のすりおろし…½個分
- オレンジ果汁…大さじ2
- オレンジの皮のすりおろし…½個分
- ビール…90ml（あればスタウトビール*）
- ブランデー…40ml
- シナモンパウダー…小さじ⅔
- オールスパイス…小さじ⅔
- ジンジャーパウダー…小さじ¼
- カルダモンパウダー…小さじ¼
- ナツメグパウダー…小さじ⅛

卵…2個

B
- 薄力粉…120g
- ベーキングパウダー…小さじ⅓

準備

・ 卵は室温にもどす。
・ Bは合わせてふるいにかける。
・ 型にバター（分量外）を塗り、底に合わせて切った円形のオーブンペーパーを敷く。

作り方

1. 鍋にAを入れて中火にかけ、沸騰したらふたをして弱火で10分ほど煮る。そのまま冷まして3日くらいおく（写真）。
2. ボウルに卵を割り入れて泡立て器でほぐし、1を加えて混ぜ合わせる。
3. Bを再びふるいにかけながら加え、ゴムべらで「ノ」の字を書くように底から返しながら、生地につやが出るまで混ぜる。
4. 型に流し入れ、160℃に温めたオーブンで竹串を刺して何もつかなくなるまで90分焼く。型からはずして網にのせ、冷めたらラップで包み、保存袋に入れて冷暗所で10日ほど寝かせる。

＊ スタウトビール
黒くローストした大麦を使用した濃厚な味のビール。代表的な銘柄にギネスがあります。

ドライフルーツをアルコールで煮て柔らかくもどしながら風味を移していきます。

オレンジアプリコット

アプリコットの甘酸っぱい果実味がギュッと詰まったケーキです。

おいしい食べごろ	保存期間
1週間後〜	1ヶ月

材料（直径14cmの鍋* 1台分）

A
- ドライアプリコット…100g
- オレンジ果汁…80ml
- ブラウンシュガー…50g
- グラニュー糖…50g
- はちみつ…小さじ1

卵…2個

オリーブオイル…80ml

B
- 薄力粉…80g
- 全粒粉…40g
- ベーキングパウダー…小さじ1
- シナモンパウダー…小さじ½

ドライアプリコット（トッピング用）…50g

ホワイトラム…大さじ1と½

粉砂糖…少々

＊ 鍋はオーブンの使用が可能な材質を選んでください。

準備

- 卵は室温にもどす。Bは合わせてふるいにかける。
- Aのドライアプリコットは5mm角に切る。トッピング用は水に浸けてもどし、4等分に切る。
- 型（鍋）にバター（分量外）を塗り、オーブンペーパーを敷く。

作り方

1. 鍋にAを入れて中火にかけ、沸騰したら弱火にして2〜3分煮る。火を止めて冷まし、ホワイトラム大さじ½を加える。
2. ボウルに卵を割り入れて泡立て器でほぐし、オリーブオイルを少しずつ加えて混ぜ、1も加えて混ぜ合わせる。Bを再びふるいにかけて加え、ゴムべらでつやが出るまで混ぜる。
3. 型に流し入れ、170℃に温めたオーブンで20分焼く。一度取り出してトッピング用アプリコットをのせ、竹串を刺して何もつかなくなるまでさらに20分ほど焼く。
4. 型からはずして網にのせ、残りのホワイトラムを刷毛で塗り、冷めたら粉砂糖をふる。ラップで包み、保存袋に入れて冷暗所で3日ほど寝かせる。

シリアルサンド

甘酸っぱい濃厚な果物ペーストとナチュラルな粉の香りが好相性。

おいしい食べごろ	保存期間
1週間後〜	2ヶ月

材料（18cm角のマンケ型 1台分）

A
- ドライアプリコット…60g
- レーズン…20g
- ドライいちじく…120g
- デーツ…120g
- りんご…50g（正味）
- 水…150ml
- レモンの皮のすりおろし…½個分
- レモン果汁…大さじ1

B
- 強力粉…75g
- 薄力粉…75g
- ベーキングパウダー…小さじ½
- シナモンパウダー…小さじ¼
- オーツ…55g
- くるみ（またはピーカンナッツ）…30g
- ブラウンシュガー…30g
- グラニュー糖…30g
- 塩…小さじ¼

オリーブオイル…80ml
牛乳…大さじ1と½

準備

- ドライアプリコット、ドライいちじく、デーツ、りんご（皮をむく）は5mm大くらいのざく切りにする。
- 強力粉、薄力粉、ベーキングパウダー、シナモンパウダーは合わせてふるいにかける。
- くるみは150℃に温めたオーブンで15分乾燥焼きをし、粗みじん切りにする。
- 型にバター（分量外）を塗り、オーブンペーパーを敷く。

作り方

1. 鍋にAを入れて中火にかけ、沸騰したら弱火で10分煮て冷ます。
2. ボウルにBを入れて混ぜ、オリーブオイルを加え、手ですり合わせてそぼろ状にし、牛乳を加えてまとめる。
3. 型に2の½量、1、残りの2の順に交互に入れる。
4. 190℃に温めたオーブンで30分焼く。表面に焼き色がついていれば焼き上がり。冷めたら型からはずし、ラップで包み、保存袋に入れて冷暗所で3日ほど寝かせる。

干し柿のノンシュガー・
ノンオイルケーキ→ page 22

マジパンいちじく→ Page 23

おいしい食べごろ	保存期間
1週間後〜	3ヶ月

干し柿のノンシュガー・ノンオイルケーキ

干し柿がおいしい時期にぜひ作ってほしい、身体にもよいケーキです。
天日の力で甘みが凝縮したドライフルーツには、全粒粉の香ばしい風味がよく合います。
日ごとにフルーツの自然な甘さが生地に移り、ノンシュガーでも物足りなさを感じません。

材料（20×9×高さ8cmのパウンド型 1台分）

干し柿（またはデーツかなつめ）…100g（3個）
ドライフルーツ…200g
（好みのものでよい。本書ではレーズン70g、プルーン60g、ドライいちじく70gを使用）
水…130ml
オレンジの皮のすりおろし…½個分

A
- 全粒粉…40g
- 薄力粉…70g
- ベーキングパウダー…小さじ1と½
- シナモンパウダー…小さじ¼
- クローブパウダー…小さじ⅛
- ナツメグパウダー…小さじ⅛

ラム酒…大さじ3

準備

・ 干し柿、ドライフルーツは種があれば取り除き、1cm角に切る。
・ Aは合わせてふるいにかける。
・ 型にバター（分量外）を塗り、オーブンペーパーを敷く。

作り方

1. 鍋に水、干し柿、ドライフルーツを入れて中火にかけ、沸騰したら火からおろし、ラム酒大さじ2を加えて冷ます。
2. ボウルに1とオレンジの皮のすりおろしを入れ、Aを再びふるいにかけながら加え、ゴムべらで粉気がなくなる程度に混ぜる。
3. 型に入れ、180℃に温めたオーブンで竹串を刺して何もつかなくなるまで50分ほど焼く。
4. 型からはずして網にのせ、残りのラム酒を刷毛で塗って冷ます。ラップで包み、保存袋に入れて冷暗所で3日ほど寝かせる。

おいしい食べごろ	保存期間
1週間後〜	2ヶ月

マジパンいちじく

抗酸化力のあるアーモンドをたっぷり含んだマジパンがベースのケーキです。
マジパンならではのしっとりとした舌触りは、あとを引くおいしさ。
切り方を変えて加えたいちじくの酸味と食感もアクセントになります。

材料（20×9×高さ8cmのパウンド型 1台分）

A［生マジパン（下記）…160g
　 卵…2個
ドライいちじく…120g
薄力粉…30g
オレンジの皮のすりおろし…½個分
バター（食塩不使用）…60g
ラム酒…大さじ1と½

準備

・卵は室温にもどす。
・薄力粉はふるいにかける。
・バターは湯せんにかけて溶かす。
・ドライいちじくの半量は5mm角に切り、強力粉（分量外）をまぶす。残りの半量は2等分に切る。
・型にバター（分量外）を塗り、オーブンペーパーを敷く。

作り方

1. ボウルにAを入れてゴムべらでなじませ、ハンドミキサー（または泡立て器）でふんわりしたクリーム状になるまで泡立てる。
2. 薄力粉を加え、ゴムべらで粉気がなくなる程度に混ぜたら、オレンジの皮、溶かしたバター、ラム酒大さじ½を加え、つやが出るまで混ぜる。
3. 型に入れ、5mm角のドライいちじくを散らして160℃に温めたオーブンで20〜25分焼く。
4. 一度取り出して残りのドライいちじくをのせ、竹串を刺して何もつかなくなるまでさらに25分ほど焼く。
5. 型からはずして網にのせ、残りのラム酒を刷毛で塗って冷ます。ラップで包み、保存袋に入れて冷暗所で3日ほど寝かせる。

＊ 生マジパンの材料と作り方
（作りやすい分量）
アーモンドパウダー125g、グラニュー糖125g、卵白1個分をボウルに入れて混ぜ、まとまってきたら手でこねる。ラップで包み、冷蔵庫で1ヶ月ほど保存可能。

おいしい食べごろ	保存期間
1週間後〜	1ヶ月

はちみつレモン

シンプルなパウンドケーキですが、ゆっくりシロップがしみ込んだ生地は贅沢な味わい。
レモンのさわやかな風味が広がり、ふんわりした食感です。
ひとつひとつの素材を分離しないように混ぜ、よい生地を作ることが熟成のポイント。

材料（20×9×高さ8cmのパウンド型 1台分）

- バター（食塩不使用）…100g
- グラニュー糖…50g
- 卵…2個
- A
  - 薄力粉…120g
  - ベーキングパウダー…小さじ1
- 牛乳…大さじ1
- レモンの皮のすりおろし…1個分
- B
  - 水…75ml
  - はちみつ…25g
  - グラニュー糖…60g
  - レモン果汁…50ml

準備

・ バター、卵、牛乳は室温にもどす。
・ Aは合わせてふるいにかける。
・ 型にバター（分量外）を塗り、オーブンペーパーを敷く。

作り方

1. シロップを作る。鍋にBを入れて中火にかけ、沸騰してグラニュー糖が溶けたら火からおろす（写真）。
2. ボウルにバターを入れてゴムべらでなめらかにし、グラニュー糖を加えてすり混ぜ、泡立て器に替えて白っぽくクリーム状になるまで混ぜ合わせる。
3. 卵を加えて混ぜ合わせ（卵黄、卵白の順に。P.11）、Aを再びふるいにかけながら加える。ゴムべらで「ノ」の字を書くように底から返しながら、粉気がなくなる程度に混ぜる。
4. 牛乳、レモンの皮を加えてつやが出るまで混ぜ、型に流し入れてスプーンの背などで中央に1本筋を入れる。
5. 170℃に温めたオーブンで竹串を刺して何もつかなくなるまで35分ほど焼く。
6. 1のシロップを上からかけ、生地にしみ込んだら型からはずし、網にのせて冷ます。ラップで包み、保存袋に入れて冷暗所で3日ほど寝かせる。

熟成のためのシロップです。多めに作って冷蔵庫で1ヶ月ほど保存も可能。

パイナップルビール→ Page 28

ナッツにんじんバー→ Page 28

りんごオーツ→ Page 29
黒糖バナナ→ Page 29

パイナップルビール

パイナップルの香りと酸味が口いっぱいに広がります。

おいしい食べごろ	保存期間
5日後〜	3週間

材料（18cm角のマンケ型 1台分）

A
- ビール*…150ml
- レモン果汁…50ml
- グラニュー糖…90g
- バター（食塩不使用）…90g
- パイナップル…150g（正味）
- レーズン…50g

卵…2個

B
- 薄力粉…125g
- ジンジャーパウダー…小さじ½
- ベーキングパウダー…小さじ1

ホワイトラム…大さじ1と½

＊ ビールはキレがあってさわやかな国産がおすすめです。

準備

- パイナップルは皮と芯を取り除き、8mm角に切る。
- 卵は室温にもどす。Bは合わせてふるいにかける。
- 型にバター（分量外）を塗り、オーブンペーパーを敷く。

作り方

1. 鍋にAを入れて中火にかけ、沸騰したら弱火で12分ほど煮て冷まし、ホワイトラム大さじ½を加える。
2. ボウルに卵を割り、泡立て器でほぐし、1を混ぜる。
3. 別のボウルにBを再びふるいにかけて入れ、2の½量を加えてゴムべらで粉気がなくなる程度に混ぜる。
4. 残りの2を加えてつやが出るまで混ぜ、型に流し入れて170℃に温めたオーブンで45分焼く。
5. 型からはずして残りのホワイトラムを塗り、冷めたらラップで包んで保存袋に入れ、2日ほど寝かせる。

ナッツにんじんバー

にんじんの甘みとスパイス、ナッツの食感がエキゾチックな味わい。

おいしい食べごろ	保存期間
1週間後〜	1ヶ月

材料（18cm角のマンケ型 1台分）

卵…1個

A
- ブラウンシュガー…20g
- グラニュー糖…20g
- はちみつ…大さじ2

オリーブオイル…60ml

B
- 薄力粉…25g
- コーンスターチ…30g
- アーモンドパウダー…45g
- シナモンパウダー…小さじ½
- ベーキングパウダー…小さじ½

にんじん…1本（正味160g）

C
- ピスタチオ…30g
- アーモンド…40g
- ヘーゼルナッツ…30g
- ドライアプリコット…60g

ブランデー…大さじ1と⅓

準備

- 卵は室温にもどす。Bは合わせてふるいにかける。
- にんじんは皮ごとすりおろす。
- アーモンドとヘーゼルナッツは150℃に温めたオーブンで15分乾燥焼きにし、2等分に切る。ドライアプリコットは5mm角に切る。
- 型にバター（分量外）を塗り、オーブンペーパーを敷く。

作り方

1. ボウルに卵を割り、泡立て器でほぐし、Aを混ぜる。
2. オリーブオイルを少しずつ加えて混ぜ、Bを再びふるいにかけて加え、ゴムべらで粉気がなくなる程度に混ぜる。
3. にんじん、C、ブランデー大さじ½を加えてつやが出るまで混ぜ、型に流し入れて170℃に温めたオーブンで45分焼く。
4. 型からはずして残りのブランデーを塗り、冷めたらラップで包んで保存袋に入れ、3日ほど寝かせる。

黒糖バナナ

オリーブオイルの力でバナナの果実味が驚くほど濃密になります。

おいしい食べごろ	保存期間
1週間後〜	1ヶ月

材料（20×9×高さ8cmのパウンド型 1台分）

卵…2個
黒糖…50g
グラニュー糖…50g
オリーブオイル…100ml
A［薄力粉…100g
シナモンパウダー…小さじ½
ベーキングパウダー…小さじ½］
バナナ…1本（正味150g）
ラム酒…小さじ2

準備

・ 卵は室温にもどす。Aは合わせてふるいにかける。
・ バナナは皮をむいて実をフォークでつぶす。
・ 型にバター（分量外）を塗り、オーブンペーパーを敷く。

作り方

1. ボウルに卵を割り、泡立て器でほぐし、黒糖とグラニュー糖を混ぜ合わせる。
2. オリーブオイルを少しずつ加えて混ぜ、Aを再びふるいにかけて加え、ゴムべらで粉気がなくなる程度に混ぜる。
3. バナナ、ラム酒を加えてつやが出るまで混ぜ、型に流し入れて160℃に温めたオーブンで60分焼く。
4. 型からはずし、冷めたらラップで包んで保存袋に入れ、4日ほど寝かせる。

りんごオーツ

すりおろしたりんごとオートミールが入ったヘルシーなケーキです。

おいしい食べごろ	保存期間
1週間後〜	1ヶ月

材料（20×9×高さ8cmのパウンド型 1台分）

卵…1個
A［ブラウンシュガー…45g
グラニュー糖…45g
塩…小さじ¼］
オリーブオイル…75ml
B［薄力粉…75g
全粒粉…30g
ベーキングパウダー…小さじ¾
シナモンパウダー…小さじ½］
りんご…½個
オートミール…20g
レーズン…30g
ブランデー…大さじ1と½

準備

・ 卵は室温にもどす。Bは合わせてふるいにかける。
・ りんごは皮をむいて芯を取り、すりおろす。
・ レーズンはブランデー大さじ½に浸けてもどす。
・ 型にバター（分量外）を塗り、オーブンペーパーを敷く。

作り方

1. ボウルに卵を割り、泡立て器でほぐし、Aを混ぜる。
2. オリーブオイルを少しずつ加えて混ぜ、Bを再びふるいにかけて加え、ゴムべらで粉気がなくなる程度に混ぜる。
3. りんご、オートミール、もどしたレーズンを加えてつやが出るまで混ぜ、型に流し入れて170℃に温めたオーブンで40分焼く。
4. 型からはずして残りのブランデーを塗り、冷めたらラップで包んで保存袋に入れ、3日ほど寝かせる。

おいしい食べごろ	保存期間
1週間後〜	1ヶ月

スパイスかぼちゃ

かぼちゃのおいしい季節にぜひ作りたいケーキです。
熟成するとしっとりとして風味豊かになり、パンプキンシードの食感もアクセントに。
かぼちゃペーストはまとめて作り、冷凍保存しておくと料理にも使えて便利です。

材料（直径18cmのクグロフ型 1台分）

卵…2個

A
- グラニュー糖…90g
- ブラウンシュガー…60g
- 塩…小さじ¼

かぼちゃ…220g
オリーブオイル…100ml

B
- 薄力粉…150g
- 全粒粉…20g
- ベーキングパウダー…小さじ1
- シナモンパウダー…小さじ1
- ジンジャーパウダー…小さじ½
- オールスパイス…小さじ½
- ナツメグパウダー…小さじ⅛

レーズン…50g
パンプキンシード…20g
ラム酒…大さじ1と½

準備

- 卵は室温にもどす。
- かぼちゃは皮をむいて柔らかくなるまでゆで（または蒸す）、フードプロセッサーでペースト状にする。
- Bは合わせてふるいにかける。
- レーズンはラム酒大さじ½に浸けてもどす。
- 型にバター（分量外）を塗る（フッ素樹脂加工のものは必要ない）。

作り方

1. ボウルに卵を割り入れて泡立て器でほぐし、A、かぼちゃペーストの順に加えて混ぜ合わせる。
2. オリーブオイルを少しずつ加えて混ぜ、Bを再びふるいにかけながら加え、ゴムべらで「ノ」の字を書くように底から返しながら、粉気がなくなる程度に混ぜる。
3. もどしたレーズン、パンプキンシードを加え、つやが出るまで混ぜて型に流し入れる。
4. 170℃に温めたオーブンで竹串を刺して何もつかなくなるまで40分焼く。
5. 型からはずして網にのせ、残りのラム酒を刷毛で塗って冷ます。ラップで包み、保存袋に入れて冷暗所で3日ほど寝かせる。

オレンジスパイス

オレンジとスパイスを華やかに飾ってプレゼントにもぴったり。

おいしい食べごろ	保存期間
1週間後〜	2ヶ月

材料（直径12cmの鍋* 1台分）

卵…1個

A
- ブラウンシュガー…30g
- はちみつ…大さじ1

オリーブオイル…40ml

B
- 薄力粉…45g
- アーモンドパウダー…45g
- ベーキングパウダー…小さじ¾

C
- シナモンスティック…½本
- 八角…1個
- カルダモンの種…3粒分
- オレンジ（またはオレンジのコンフィ P.44）…½個

ブランデー…大さじ1と½

＊ 鍋はオーブンの使用が可能な材質を選んでください。

準備

・ 卵は室温にもどす。Bは合わせてふるいにかける。
・ カルダモンはつぶし、さやから種を取り出す。オレンジは3mm厚さに切る。
・ 型（鍋）にバター（分量外）を塗り、オーブンペーパーを敷く。

作り方

1. ボウルに卵を割り、泡立て器でほぐし、Aを混ぜる。
2. オリーブオイルを少しずつ加えて混ぜ、Bを再びふるいにかけて加え、ゴムべらで粉気がなくなる程度に混ぜる。ブランデー大さじ½を加えてつやが出るまで混ぜ、型に流し入れてCをのせる。
3. 170℃に温めたオーブンで35分焼く。型からはずして残りのブランデーを塗り、冷めたらラップで包んで保存袋に入れ、3日ほど寝かせる。

＊ 食べるときはシナモンスティックと八角は取り除く。

ラベンダーレモン

レモンとラベンダーの香りがふんわり広がるさわやかなケーキ。

おいしい食べごろ	保存期間
1週間後〜	2ヶ月

材料（直径12cmの鍋* 1台分）

卵…1個

A
- グラニュー糖…75g
- 塩…小さじ¼

オリーブオイル…50ml

B
- 薄力粉…90g
- ベーキングパウダー…小さじ½

C
- プレーンヨーグルト…60g
- レモンの皮のすりおろし…½個分
- ドライラベンダー…小さじ1

D
- はちみつ*…大さじ½
- レモン果汁…大さじ½
- グラニュー糖…30g

ドライラベンダー（トッピング用）…適量

＊ 鍋はオーブンの使用が可能な材質を選んでください。
＊ はちみつも花（ラベンダー）の香りがするものがおすすめです。

準備

・ 卵は室温にもどす。Bは合わせてふるいにかける。
・ 型（鍋）にバター（分量外）を塗り、オーブンペーパーを敷く。

作り方

1. Dを器などに入れ、湯せんにかけて溶かす。
2. ボウルに卵を割り、泡立て器でほぐし、Aを混ぜる。
3. オリーブオイルを少しずつ加えて混ぜ、Bを再びふるいにかけて加え、ゴムべらで粉気がなくなる程度に混ぜる。Cを加えてつやが出るまで混ぜ、型に入れ、170℃に温めたオーブンで35分焼く。
4. 型からはずして1を刷毛で塗り、ドライラベンダーを散らして冷ます。ラップで包み、保存袋に入れて3日ほど寝かせる。

オレンジスパイス

ラベンダーレモン

ローズマリーオリーブ

ワインにもよく合うケーキ。チーズも添えていっしょにどうぞ。

おいしい食べごろ	保存期間
1週間後〜	2ヶ月

材料（20×9×高さ8cmのパウンド型 1台分）

卵…2個

A
- グラニュー糖…50g
- はちみつ…大さじ1

オリーブオイル…80ml

B
- 薄力粉…100g
- ベーキングパウダー…小さじ½

ローズマリーの葉…3本分

グリーンオリーブ…4個

ローズマリー…2本

C
- はちみつ…大さじ1
- オリーブオイル…大さじ1

準備

- 卵は室温にもどす。Bは合わせてふるいにかける。
- ローズマリーの葉はみじん切りにし、グリーンオリーブは2等分に切る。
- 型にバター（分量外）を塗り、オーブンペーパーを敷く。

作り方

1. Cを器などに入れ、湯せんにかけて溶かす。
2. ボウルに卵を割り、泡立て器でほぐし、Aを混ぜる。
3. オリーブオイルを少しずつ加えて混ぜ、Bを再びふるいにかけて加え、ゴムべらで粉気がなくなる程度に混ぜる。ローズマリーの葉を加え、つやが出るまで混ぜて型に流し入れる。
4. 170℃に温めたオーブンで20分焼き、一度取り出してオリーブ、ローズマリーをのせ、竹串を刺して何もつかなくなるまでさらに20分ほど焼く。
5. 型からはずして網にのせ、1を刷毛で塗って冷ます。ラップで包み、保存袋に入れて冷暗所で3日ほど寝かせる。

ヴィンテージレッド

まるで熟成した赤ワインを味わっているような香り豊かなケーキ。

おいしい食べごろ	保存期間
1週間後〜	1ヶ月

材料（20×9×高さ8cmのパウンド型1台分）

バター（食塩不使用）…100g
グラニュー糖…100g
卵…2個

A
- 薄力粉…100g
- ベーキングパウダー…小さじ1
- カカオパウダー…小さじ1と½
- シナモンパウダー…小さじ½
- クローブパウダー…小さじ¼

赤ワイン…80ml
レーズン…40g
チョコレートチップ…30g
ウォッカ…小さじ2

準備

- バターと卵は室温にもどす。Aは合わせてふるいにかける。
- レーズンは赤ワイン60mlに浸けてもどす。
- 型にバター（分量外）を塗り、オーブンペーパーを敷く。

作り方

1. ボウルにバターを入れてゴムべらでなめらかにし、グラニュー糖を加えてすり混ぜ、泡立て器に替えて白っぽくクリーム状になるまで混ぜ合わせる。
2. 卵を加えて混ぜ合わせ（卵黄、卵白の順に。P.11）、Aを再びふるいにかけて加え、ゴムべらで粉気がなくなる程度に混ぜる。
3. もどしたレーズンを加えてつやが出るまで混ぜ、チョコレートチップも混ぜ、型に入れて170℃に温めたオーブンで竹串を刺して何もつかなくなるまで45分焼く。
4. 残りの赤ワイン、ウォッカを順に刷毛で塗り、型からはずし、網にのせて冷ます。ラップで包み、保存袋に入れて冷暗所で2日ほど寝かせる。

メープルジンジャー

バニラや木の実を思わせるメープルの風味がやさしい味わいです。

おいしい食べごろ	保存期間
1週間後〜	1ヶ月

材料（18cm角のマンケ型 1台分）

バター（食塩不使用）…60g

A
- ブラウンシュガー…25g
- グラニュー糖…25g

卵…2個

B
- 薄力粉…150g
- ベーキングパウダー…小さじ1と⅓

C
- メープルシロップ…100ml
- 牛乳…大さじ3
- しょうがの搾り汁…大さじ1と½（1片分）

桂花陳酒（またはシェリー酒）…大さじ1と½

作り方

1. ボウルにバターを入れてゴムべらでなめらかにし、Aを加えてすり混ぜ、泡立て器に替えて白っぽくクリーム状になるまで混ぜ合わせる。
2. 卵を加えて混ぜ（卵黄、卵白の順に。P.11）、Bを再びふるいにかけて加え、ゴムべらで粉気がなくなる程度に混ぜる。C（上から順に）、桂花陳酒大さじ½の順に加えてつやが出るまで混ぜる。
3. 型に入れて170℃に温めたオーブンで35〜40分焼き、型からはずして残りの桂花陳酒を刷毛で塗って冷ます。ラップで包み、保存袋に入れて2日ほど寝かせる。

準備

・ バターと卵は室温にもどす。Bは合わせてふるいにかける。
・ 型にバター（分量外）を塗り、オーブンペーパーを敷く。

抹茶レモンミント

抹茶のほろ苦さとレモンの果実味、ミントの爽快さが抜群の相性。

おいしい食べごろ	保存期間
1週間後〜	1ヶ月

材料（18cm角のマンケ型 1台分）

バター（食塩不使用）…50g

A
- グラニュー糖…130g
- 塩…小さじ¼

卵…1個

B
- 薄力粉…80g
- 抹茶…大さじ1（8g）
- ベーキングパウダー…小さじ1

プレーンヨーグルト…50g

牛乳…50ml

ミントの葉…30枚

レモンのコンフィ（P.44、またはレモンスライス）…1個分

ホワイトラム…大さじ1

準備

・ バター、卵、ヨーグルト、牛乳は室温にもどす。
・ Bは合わせてふるいにかける。
・ ミントの葉20枚は粗みじん切りにする。
・ 型にバター（分量外）を塗り、オーブンペーパーを敷く。

作り方

1. ボウルにバターを入れてゴムべらでなめらかにし、Aを加えてすり混ぜ、泡立て器に替えて白っぽくクリーム状になるまで混ぜ合わせる。
2. 卵を加えて混ぜ（卵黄、卵白の順に。P.11）、Bを再びふるいにかけて加え、ゴムべらで粉気がなくなる程度に混ぜる。ヨーグルト、牛乳の順に加え、つやが出るまで混ぜ、刻んだミントの葉も混ぜる。
3. 型に入れてレモンのコンフィと残りのミントの葉をのせ、170℃に温めたオーブンで35分焼く。
4. 型からはずし、ホワイトラムを塗って冷ます。ラップで包み、保存袋に入れて2日ほど寝かせる。

メープルジンジャー

抹茶レモンミント

おいしい食べごろ	保存期間
1週間後〜	1ヶ月半

はちみつカカオ

チョコレートとはちみつを丁寧に溶かし、低温でじっくり焼いたケーキです。
しっとりとした食感と保存効果があるのは、はちみつの力です。
日ごとに深く変化する香りと味わいは、何度食べても飽きのこないおいしさ。

材料（直径14cmの鍋* 1台分）

ビターチョコレート…90g
はちみつ…50g
卵…3個
A
- アーモンドパウダー…30g
- カカオパウダー…6g
- ジンジャーパウダー…小さじ¼
- シナモンパウダー…小さじ¼

グラニュー糖…40g

＊ 鍋はオーブンの使用が可能な材質を選んでください。

準備

・ チョコレートは刻む。
・ 卵は室温にもどし、卵黄と卵白に分ける。
・ Aは合わせてふるいにかける。
・ 型（鍋）にバター（分量外）を塗り、オーブンペーパーを敷く。

作り方

1. ボウルにチョコレートとはちみつを入れ、湯せんにかけて溶かす（写真a）。
2. 別のボウルに卵黄とグラニュー糖大さじ1を入れ、泡立て器で白っぽくクリーム状になるまですり混ぜる。
3. 2に1を加えて混ぜ合わせる。
4. 別のボウルに卵白を入れ、残りのグラニュー糖を2〜3回に分けて加えながら、泡立て器で角が立つまで泡立てる（写真b）。
5. 4の⅓量を3に加え、Aを再びふるいにかけながら加え、ゴムべらで「ノ」の字を書くように底から返しながら、粉気がなくなる程度に混ぜる。
6. 5を4に戻し入れて均質になるまで混ぜたら、型に流し入れて160℃に温めたオーブンで40分焼く。
7. オーブンの扉を一度開けて閉め、庫内温度が100℃くらいになるまでそのままおく。冷めたら型からはずし、ラップで包み、保存袋に入れて冷暗所で3日ほど寝かせる。

a.
60℃くらいの湯で、ゴムべらで混ぜながら溶かします。温度が高いと分離するので注意。

b.
グラニュー糖を加えながら、つやが出てしっかりと角が立つまで力強く泡立てます。

Part 2

スチームタイプ

Steam type

オーブンなしで作れる、蒸すタイプのケーキです。
アルコール、はちみつ、オリーブオイルなどの素材の力を生かし、
蒸し上がった生地にシロップをしみ込ませたりと、
熟成と保存のためのさまざまな工夫が詰まったレシピです。
蒸し上がり直後でもおいしいですが、
時間をおくと、しっとりとして奥行きのある味わいに変化します。
食べる直前に蒸し直して、温かいデザートとして食べても。

クリスマスプディング → Page 42

おいしい食べごろ	保存期間
1週間後〜	3ヶ月

クリスマスプディング

憧れていたイギリスの伝統的なクリスマスケーキをヒントに、私流に考えたプディングです。
オリーブオイルのおかげでしっとりと仕上がり、ドライフルーツの果実味も豊か。
蒸し上がってすぐでもおいしいですが、1ヶ月くらい熟成させた味わいも格別です。

材料（直径18cmの耐熱性ボウル 1台分）

卵…1個

A
- ブラウンシュガー…30g
- グラニュー糖…30g
- はちみつ…大さじ1
- 牛乳…50ml
- オリーブオイル…40ml

B
- 薄力粉…45g
- アーモンドパウダー…30g
- シナモンパウダー…小さじ¼
- ジンジャーパウダー…小さじ⅛
- クローブパウダー…小さじ⅛
- ナツメグパウダー…小さじ⅛

パン粉…25g

C
- ドライいちじく…30g
- オレンジピール（またはオレンジのコンフィ P.44）…30g
- レーズン…100g
- サルタナレーズン…60g
- レモンの皮のすりおろし…½個分
- オレンジの皮のすりおろし…½個分
- ブランデー…40ml

準備

- Bは合わせてふるいにかける。
- ドライいちじくは1cm角に切り、オレンジピールは粗みじん切りにする。
- Cを合わせて浸け、ドライフルーツがもどるまで一晩くらいおく。
- 型（ボウル）にバター（分量外）を塗り、底に合わせて円形に切ったオーブンペーパーを敷く（写真）。

耐熱性ボウルを型に利用。底にオーブンペーパーを敷くと、きれいに型からはずせます。

作り方

1.

ボウルに卵を割り入れて泡立て器でほぐし、Aを順に加えてそのつど混ぜる。

＊オリーブオイルは少しずつ加えながら混ぜ、乳化させる。

2.

別のボウルにBとパン粉を入れて混ぜ、Cを加えて混ぜ合わせる。

3.

2に1を加え、ゴムべらで練るようによく混ぜ合わせ、型に流し入れる。

4.

蒸気が上がった蒸し器に入れ、布巾をかぶせ、ふたをして中火で2時間30〜45分ほど蒸す。

＊水滴が落ちないように、ふたをする前に布巾をかぶせる。生地の色が濃くなるまで様子を見ながら蒸す。

5.

ケーキの真ん中に竹串を刺し、何もつかなくなったら蒸し上がり。

6.

粗熱を取り、型と生地の間にバターナイフなどを入れ、型を返してはずす。

7.

冷めたらラップで包み、保存袋に入れて冷暗所で3日ほど寝かせる。

おいしい食べごろ	保存期間
3日後〜	3週間

フレッシュレモン

レモンのさわやかな香りとジューシーな味わいが日ごとにリッチに。

材料（直径18cmの耐熱性ボウル 1台分）

バター（食塩不使用）…60g
グラニュー糖…35g
卵…2個
牛乳…45ml
レモン果汁…大さじ1

A
- 薄力粉…120g
- ベーキングパウダー…小さじ1

B
- 水…75ml
- はちみつ…25g
- レモン果汁…50ml
- グラニュー糖…60g

ホワイトラム…大さじ1
レモンのコンフィ（下記）…1個分

準備

- 卵とバターは室温にもどす。
- Aは合わせてふるいにかける。
- 型（ボウル）にバター（分量外）を塗り、底に合わせて円形に切ったオーブンペーパーを敷き、冷蔵庫に入れておく。

作り方

1. シロップを作る。鍋にBを入れて中火にかけ、グラニュー糖が溶けたら火からおろし、冷めたらホワイトラムを混ぜる。
2. レモンのコンフィを型（ボウル）の底と側面に張りつける。
3. ボウルにバターを入れてゴムべらでなめらかにし、グラニュー糖を加えてすり混ぜ、泡立て器に替えて白っぽくクリーム状になるまで混ぜ合わせる。
4. 卵（卵黄、卵白の順に。P.11）と牛乳の1/3量を少しずつ加えながら混ぜ合わせ、Aを再びふるいにかけて加え、ゴムべらで「ノ」の字を書くように底から返しながら、粉気がなくなる程度に混ぜる。
5. 残りの牛乳、レモン果汁の順に加え、つやが出るまで混ぜたら、2の型（ボウル）に流し入れる。
6. 蒸気が上がった蒸し器に5を入れ、布巾をかぶせ、ふたをして中火で竹串を刺して何もつかなくなるまで30〜35分蒸す。
7. 粗熱を取り、1をかけて生地にしみ込ませ、型を返してはずす。

＊　直後から食べられるが、寝かせるときはラップで包み、保存袋に入れる。

レモン＆オレンジのコンフィ

漬けるだけで簡単に作れる、熟成ケーキによく合うトッピングです。

材料（作りやすい分量）

レモンまたはオレンジ（無農薬のもの）…1個
グラニュー糖…レモン（オレンジ）の重量の2/3量

作り方

1. レモンは皮をよく水で洗い（無農薬のものでなければ、塩でよくもんでから洗う）、皮ごと3mm厚さに切る。
2. 煮沸消毒した瓶にグラニュー糖、レモンの順に交互に入れ、最後はグラニュー糖で覆う（写真）。
3. グラニュー糖が溶けたらでき上がり。オレンジのコンフィも作り方は同じ。10日後くらいから皮ごと食べられるようになり、液に浸かっていれば冷蔵庫で1年は保存可能。

抹茶パイナップル

抹茶の苦みとパイナップルの甘酸っぱさが絶妙なバランスです。

おいしい食べごろ	保存期間
3日後～	3週間

材料（直径18cmの耐熱性ボウル1台分）

A
- グラニュー糖…90g
- バター（食塩不使用）…60g
- パイナップル…50g（正味）

卵…3個

パン粉…50g

B
- アーモンドパウダー…40g
- 薄力粉…15g
- 抹茶…大さじ1（8g）
- ベーキングパウダー…小さじ¾

牛乳…大さじ1

ホワイトチョコレートチップ…30g

ホワイトラム…大さじ1と½

準備

- 卵は室温にもどす。
- パイナップルは皮と芯を取り除き、5mm角に切る。
- Bは合わせてふるいにかける。
- 型（ボウル）にバター（分量外）を塗り、底に合わせて円形に切ったオーブンペーパーを敷く。

作り方

1. 鍋にAを入れて中火にかけ、沸騰したら弱火にして2～3分煮る。冷めたら、ホワイトラム大さじ½を加えて混ぜる。
2. ボウルに卵を割り入れて泡立て器でほぐし、1を加えて混ぜ合わせる。
3. パン粉を加え、Bを再びふるいにかけて加え、ゴムべらで「ノ」の字を書くように底から返しながら、粉気がなくなる程度に混ぜる。
4. 牛乳、ホワイトチョコレートチップを加え、つやが出るまで混ぜたら、型に流し入れる。
5. 蒸気が上がった蒸し器に4を入れ、布巾をかぶせ、ふたをして中火で竹串を刺して何もつかなくなるまで30分ほど蒸す。
6. 粗熱を取り、型を返してはずし、残りのホワイトラムを刷毛で塗る。

＊ 直後から食べられるが、寝かせるときはラップで包み、保存袋に入れる。

ダークチョコ

少し贅沢な甘みのシロップをたっぷり含んだ深いチョコレート味。

おいしい食べごろ	保存期間
2日後～	3週間

材料(直径18cmの耐熱性ボウル 1台分)

A
- 薄力粉…50g
- カカオパウダー…20g

- 卵…3個
- ブラウンシュガー…30g
- グラニュー糖…30g
- オリーブオイル…大さじ2

B
- 水…110ml
- グラニュー糖…25g
- メープルシロップ…45ml
- はちみつ…20ml

- ラム酒…20ml

準備

- 卵は室温にもどし、卵黄と卵白に分ける。
- Aは合わせてふるいにかける。
- 型(ボウル)にバター(分量外)を塗り、底に合わせて円形に切ったオーブンペーパーを敷く。

作り方

1. シロップを作る。鍋にBを入れて中火にかけ、沸騰したら弱火にして2～3分煮る。冷めたら、ラム酒を加えて混ぜる。
2. ボウルに卵黄とブラウンシュガーを入れ、泡立て器ですり混ぜる。
3. 別のボウルに卵白を入れ、グラニュー糖を2～3回に分けて加えながら、泡立て器で角が立つまで混ぜ合わせ、メレンゲを作る。
4. 2に3の⅓量を加えてゴムべらで混ぜ、Aを再びふるいにかけながら加えて混ぜ、残りの3を加えて「ノ」の字を書くように底から返しながら、粉気がなくなる程度に混ぜる。
5. オリーブオイルを加えてつやが出るまで混ぜたら、型に流す。
6. 蒸気が上がった蒸し器に5を入れ、布巾をかぶせ、ふたをして中火で竹串を刺して何もつかなくなるまで30分ほど蒸す。
7. 粗熱を取り、1をかけて生地にしみ込ませ、型を返してはずす。

＊ 直後から食べられるが、寝かせるときはラップで包み、保存袋に入れる。

黒糖ビール → Page 50

ベリーチーズ→ Page 51

おいしい食べごろ	保存期間
3日後～	1ヶ月

黒糖ビール

ビールのほろ苦さと黒糖の香ばしい甘みは相性がよく、味わい深いおいしさを生みます。
熟成すると、ぐっとコクが出てまろやかになります。
いちじくは大きめに切って加え、見た目も華やかに仕上げます。

材料（18cm角のマンケ型 1台分）

レーズン…100g
ドライいちじく…100g
ビール（あればスタウトビール）…70ml
A
- 薄力粉…120g
- ベーキングパウダー…小さじ1

卵…2個
B
- 黒糖…100g
- 塩…小さじ¼
- 無調整豆乳…50ml

オリーブオイル…40ml
ブランデー…大さじ1と½

準備

・ 卵は室温にもどす。
・ ドライいちじくは4等分に切り、レーズンとともにビールに浸けてもどす。
・ Aは合わせてふるいにかける。
・ 型にバター（分量外）を塗り、オーブンペーパーを敷く。

作り方

1. ボウルに卵を割り入れて泡立て器でほぐし、Bを順に加えて混ぜる。
2. オリーブオイルを少しずつ加えて混ぜ、Aを再びふるいにかけながら加え、ゴムべらで「ノ」の字を書くように底から返しながら、粉気がなくなる程度に混ぜる。
3. もどしたレーズン、ブランデー大さじ½を加え、つやが出るまで混ぜたら、型に流す。
4. 蒸気が上がった蒸し器に3を入れ、布巾をかぶせ、ふたをして中火で10分蒸す。ふたをあけてもどしたドライいちじくをのせ、竹串を刺して何もつかなくなるまでさらに20分ほど蒸す。
5. 粗熱を取り、型を返してはずし、残りのブランデーを刷毛で塗る。

＊ 直後から食べられるが、寝かせるときはラップで包み、保存袋に入れる。

おいしい食べごろ	保存期間
3日後〜	1ヶ月

ベリーチーズ

ベリー好きにもチーズ好きにも好まれる、しっとりとした熟成チーズケーキ。
素材をなめらかになるまでしっかりと混ぜ、キメの細かい生地を作ることがポイント。
子どもにはキリュッシュなしで、大人はシャンパンのおともにどうぞ。

材料（直径18cmの耐熱性ボウル1台分）

クリームチーズ…300g

A
- サワークリーム…120g
- グラニュー糖…100g
- 卵…2個
- 薄力粉…30g

生クリーム…100ml
ミックスドライフルーツ…60g
（クランベリー、カシス、チェリー、ブルーベリー、ラズベリー、レーズン）
キリュッシュ…大さじ2

準備

- 卵とクリームチーズは室温にもどす。
- 薄力粉はふるいにかける。
- ミックスドライフルーツはキリュッシュ大さじ1に浸けてもどす。
- 型（ボウル）にバターを塗って強力粉をふり（ともに分量外）、底に合わせて円形に切ったオーブンペーパーを敷き、冷蔵庫に入れておく。

作り方

1. ボウルにクリームチーズを入れてゴムべらでなめらかにし、泡立て器で混ぜながらAを順に加える。
2. 生クリーム、もどしたドライフルーツの順に加えて混ぜ合わせ、型に流す。
3. 蒸気が上がった蒸し器に2を入れ、布巾をかぶせ、ふたをして中火で35分、弱火にして10分ほど竹串を刺して何もつかなくなるまで蒸す。
4. 粗熱を取り、型を返してはずし、残りのキリュッシュを刷毛で塗る。

＊ 直後から食べられるが、寝かせるときはラップで包み、保存袋に入れる。

おいしい食べごろ	保存期間
1週間後〜	1ヶ月

オレンジコーヒー

シロップをじっくりしみ込ませたケーキは、深い味わいと口溶けのよい軽さが魅力。
コーヒーのビターな香りとさわやかなオレンジ風味の組み合わせが上品です。
カカオ生地とレーズン入り生地を交互に流し入れ、マーブル模様を作ります。

材料（直径18cmのクグロフ型 1台分）

レーズン…50g
ラム酒…25ml
卵…4個
グラニュー糖…40g
ブラウンシュガー…40g
オレンジの皮のすりおろし…½個分
パン粉…90g
アーモンドパウダー…50g
牛乳…25ml
カカオパウダー…小さじ2

A
- 水…100ml
- グラニュー糖…120g
- インスタントコーヒー…小さじ2
- オレンジの皮（削ったもの）…1個分
- シナモンスティック…½本
- クローブ…2本

ラム酒（シロップ用）…60ml

準備

・ レーズンはラム酒に浸けてもどす。
・ 卵は室温にもどし、卵黄と卵白に分ける。
・ 型にバター（分量外）を塗る（フッ素樹脂加工のものは必要ない）。

作り方

1. シロップを作る。Aを鍋に入れて中火にかけ、沸騰したら弱火で2〜3分煮て冷まし、ラム酒を加える。
2. メレンゲを作る。ボウルに卵白を入れてグラニュー糖を2〜3回くらいに分けて加えながら、泡立て器で角が立つまで泡立てる。
3. 別のボウルに卵黄とブラウンシュガーを入れて泡立て器ですり混ぜ、2の¼量を加えて混ぜ、オレンジの皮、パン粉、アーモンドパウダー、牛乳を加えてゴムべらで混ぜ合わせる。
4. 3の⅓量を2に加えて混ぜ、3に戻して全体を混ぜ合わせる。
5. 4の⅓量を別のボウルに分け、カカオパウダーを加えて混ぜる。残りの⅔量には汁気をきったレーズンを加えて混ぜる（浸けていたラム酒は1に加える）。
6. 型にレーズン入り生地の½量、カカオ生地、残りのレーズン入り生地の順に交互に流し入れ、マーブル模様になるようにスプーンで2〜3回かき混ぜる（写真a）。
7. 蒸気が上がった蒸し器に6を入れ、布巾をかぶせ、ふたをして中火で竹串を刺して何もつかなくなるまで35〜40分蒸す。
8. 型と生地の間にバターナイフなどを入れて生地をはがし、型に入れたまま、こした1のシロップを流し入れる（写真b）。生地にしみ込むまで3時間ほどおき、型を返してはずす。ラップで包み、保存袋に入れて3日ほど寝かせる。

a. 生地を交互に流し入れ、スプーンを底から返すようにして2〜3回混ぜ、マーブル模様にします。

b. 底までしみ込むように型から生地をはがしたあと、シロップをたっぷりかけます。

柿りんご

柿のまったりとした甘みとりんごの香りは食後の贅沢なデザートに。

おいしい食べごろ	保存期間
3日後〜	3週間

材料（直径18cmのクグロフ型 1台分）

バター（食塩不使用）…60g

A
- ブラウンシュガー…40g
- グラニュー糖…40g
- はちみつ…小さじ1
- 塩…小さじ¼

卵…2個

B
- 薄力粉…120g
- ベーキングパウダー…小さじ1
- シナモンパウダー…小さじ½
- ナツメグパウダー…小さじ⅛

りんご…½個

干し柿（またはデーツ）…100g

ブランデー…大さじ2

準備

・ バターと卵は室温にもどす。Bは合わせてふるいにかける。

・ りんごは皮をむいてすりおろす。干し柿は5mm幅に切り、ブランデー大さじ1に浸けてもどす。

・ 型にバター（分量外）を塗る（フッ素樹脂加工のものは必要ない）。

作り方

1. ボウルにバターを入れてゴムべらでなめらかにし、Aを順に加えてすり混ぜ、泡立て器に替えて白っぽくクリーム状になるまで混ぜ合わせる。
2. 卵を加えて混ぜ（卵黄、卵白の順に。P.11）、Bを再びふるいにかけて加え、ゴムべらで粉気がなくなる程度に混ぜる。りんご、干し柿を加え、つやが出るまで混ぜて型に流す。
3. 蒸気が上がった蒸し器に2を入れ、布巾をかぶせ、ふたをして中火で竹串を刺して何もつかなくなるまで35〜40分蒸す。
4. 粗熱を取り、型を返してはずし、残りのブランデーを刷毛で塗る。

＊ 直後から食べられるが、寝かせるときはラップで包み、保存袋に入れる。

くるみはちみつ

くるみのケーキにはちみつがしみ込んだ深い味はお酒にも合います。

おいしい食べごろ	保存期間
3日後〜	3週間

材料（直径18cmのクグロフ型 1台分）

くるみ…120g
卵…3個
塩…小さじ¼
グラニュー糖…30g
ブラウンシュガー…30g

A
- パン粉…10g
- オリーブオイル…45ml
- レモンの皮のすりおろし…½個分

B
- 薄力粉…25g
- シナモンパウダー…小さじ⅔
- ベーキングパウダー…小さじ⅔

C
- 湯…100ml
- はちみつ…大さじ1と½

ラム酒…大さじ1と½

準備

・卵は室温にもどし、卵黄と卵白に分ける。
・Bは合わせてふるいにかける。
・くるみはフードプロセッサーで粉末にする。
・型にバター（分量外）を塗る（フッ素樹脂加工のものは必要ない）。

作り方

1. Cを混ぜ合わせ、粗熱が取れたらラム酒を加える。
2. ボウルに卵白と塩を入れ、グラニュー糖を3回くらいに分けて加えながら、泡立て器で角が立つまで泡立てる。
3. 別のボウルで卵黄とブラウンシュガーを泡立て器ですり混ぜ、2の¼量を加えて混ぜる。A、くるみを加え、Bを再びふるいにかけて加え、ゴムべらで粉気がなくなる程度に混ぜる。
4. 3に2の⅓量を加えて混ぜてから、2に戻して全体を混ぜ合わせる。型に流して蒸気が上がった蒸し器に入れ、中火で竹串を刺して何もつかなくなるまで30分ほど蒸す。
5. 1をかけ、生地にしみ込んだら、型を返してはずす。

＊ 直後から食べられるが、寝かせるときはラップで包み、保存袋に入れる。

おいしい食べごろ	保存期間
3日後〜	3週間

ジンジャージンジャー

ピリッとしょうががきいてスパイシー。熟成するとしっとりします。

材料（直径18cmのクグロフ型 1台分）

しょうがのシロップ漬け（下記）…80g
しょうがのシロップ漬けのシロップ…50ml
バター（食塩不使用）…80g

A
- ブラウンシュガー…30g
- グラニュー糖…30g
- 塩…小さじ¼
- はちみつ…小さじ2

卵…2個

B
- 薄力粉…120g
- ベーキングパウダー…小さじ1
- ジンジャーパウダー…小さじ⅔

牛乳…大さじ1と½
ブランデー…大さじ1と½

準備

- バターと卵は室温にもどす。
- Bは合わせてふるいにかける。
- 型にバター（分量外）を塗る（フッ素樹脂加工のものは必要ない）。

作り方

1. ボウルにバターを入れてゴムべらでなめらかにし、Aを順に加えてすり混ぜ、泡立て器に替えて白っぽくクリーム状になるまで混ぜ合わせる。
2. 卵を加えて混ぜ合わせ（卵黄、卵白の順に。P.11）、Bを再びふるいにかけながら加え、ゴムべらで「ノ」の字を書くように底から返しながら、粉気がなくなる程度に混ぜる。
3. しょうがのシロップ漬けとシロップ、牛乳、ブランデー大さじ½を加え、つやが出るまで混ぜて型に流し入れる。
4. 蒸気が上がった蒸し器に3を入れ、布巾をかぶせ、ふたをして中火で竹串を刺して何もつかなくなるまで40分ほど蒸す。
5. 粗熱を取り、型を返してはずし、残りのブランデーを刷毛で塗る。

＊ 直後から食べられるが、寝かせるときはラップで包み、保存袋に入れる。

しょうがのシロップ漬け

余ったら料理に使ったり、炭酸水で割れば自家製ジンジャーエールにもなります。

材料（作りやすい分量）

しょうが…300g
グラニュー糖…250g
水…450ml

作り方

しょうがは皮をむいて5mm厚さに切る。すべての材料を鍋に入れて中火にかけ、沸騰したら弱火にして40分ほど煮る。
煮沸消毒をした瓶に入れ、冷蔵庫で2ヶ月ほど保存可能。

おいしい食べごろ	保存期間
3日後〜	1ヶ月

白みそ杏

白みそを加えると、熟成とともにバターやチョコレートのようなコクが出ます。
ホクホクしたさつまいもと甘酸っぱいアプリコットを加えた味わいは、
誰からも好まれ、おやつや朝食にもおすすめのケーキです。

材料（18cm角のマンケ型 1台分）

A
- 白みそ*…50g
- グラニュー糖…70g
- 黒糖…40g

卵…2個
パン粉…30g

B
- 薄力粉…45g
- ベーキングパウダー…小さじ1/3

さつまいも…50g
ドライアプリコット…40g
ラム酒…大さじ1と1/2

準備

- 卵は室温にもどす。
- Bは合わせてふるいにかける。
- さつまいも（皮ごと）、ドライアプリコットは5mm角に切り、ドライアプリコットはラム酒大さじ1/2に浸けてもどす。
- 型にバター（分量外）を塗り、オーブンペーパーを敷く。

作り方

1. ボウルにAを入れ、ゴムべらですり混ぜる。
2. 1に卵を割り入れて泡立て器で混ぜ、パン粉も加えて混ぜる。
3. Bを再びふるいにかけながら加え、ゴムべらで「ノ」の字を書くように底から返しながら、粉気がなくなる程度に混ぜる。
4. 準備したさつまいも、ドライアプリコットを加え、つやが出るまで混ぜて型に流し入れる。
5. 蒸気が上がった蒸し器に4を入れ、布巾をかぶせ、ふたをして中火で竹串を刺して何もつかなくなるまで30分ほど蒸す。
6. 粗熱を取り、型からはずして残りのラム酒を刷毛で塗る。

＊ 直後から食べられるが、寝かせるときはラップで包み、保存袋に入れる。

＊ 白みそ
発酵食品のみそは熟成ケーキとも相性抜群。まろやかで甘みのある白みそが合います。

おいしい食べごろ	保存期間
3日後〜	3週間

ココナッツバナナ

バナナとココナッツ、南国のフルーツの香りがたっぷり味わえる贅沢なケーキ。
キャラメルソースが生地に少ししみ込んだころが食べごろです。
プリン型で小さく作れば、プレゼントやおもてなしのデザートにもぴったり。

材料（口径9cmのプリン型 5個分）

バナナ…1本

A
- バター（食塩不使用）…25g
- グラニュー糖…50g

バター（食塩不使用）…75g
グラニュー糖…75g
卵…2個

B
- 薄力粉…120g
- ベーキングパウダー…小さじ1

レモンの皮のすりおろし…½個分
ココナッツミルク…80ml
ラム酒…大さじ1と½

準備

- バターと卵は室温にもどす。
- バナナは皮をむいて1cm幅に切る。
- Bは合わせてふるいにかける。
- 型にバター（分量外）を塗り、底に合わせて円形に切ったオーブンペーパーを敷く。

作り方

1. 鍋にAを入れて火にかけ、沸騰して焦げ色がついてきたら（写真a）、バナナを加えてキャラメル色になるまで煮る（写真b）。火からおろして粗熱を取り、型に入れる。
2. ボウルにバターを入れてゴムべらでなめらかにし、グラニュー糖を加えてすり混ぜ、泡立て器に替えて白っぽくクリーム状になるまで混ぜ合わせる。
3. 2に卵を加えて混ぜ合わせ（卵黄、卵白の順に。P.11）、Bを再びふるいにかけながら加え、ゴムべらで「ノ」の字を書くように底から返しながら、粉気がなくなる程度に混ぜる。
4. レモンの皮、ココナッツミルク、ラム酒大さじ½を加え、つやが出るまで混ぜて1の型に流し入れる。
5. 蒸気が上がった蒸し器に4を入れ、布巾をかぶせ、ふたをして中火で竹串を刺して何もつかなくなるまで20〜25分蒸す。
6. 残りのラム酒を刷毛で塗り、冷めたら型を返してはずす。

＊ 直後から食べられるが、寝かせるときはラップで包み、保存袋に入れる。

a.

b.

茶色く色づいて泡が細かくなったら、バナナを加えてキャラメル色に仕上げます。

Part 3

イーストタイプ

Yeast type

天然酵母のイーストで生地を発酵させて焼くケーキです。
少し時間はかかりますが、その分、おいしさは格別。
シュトーレン、クグロフ、ババといった、
保存がきいて熟成効果のあるヨーロッパの伝統菓子は、
家庭で作りやすいようにとっておきのレシピを考えました。
一次発酵のみで作れるオリジナルのイーストケーキは、
発酵の失敗も少なく、簡単に作ることができます。

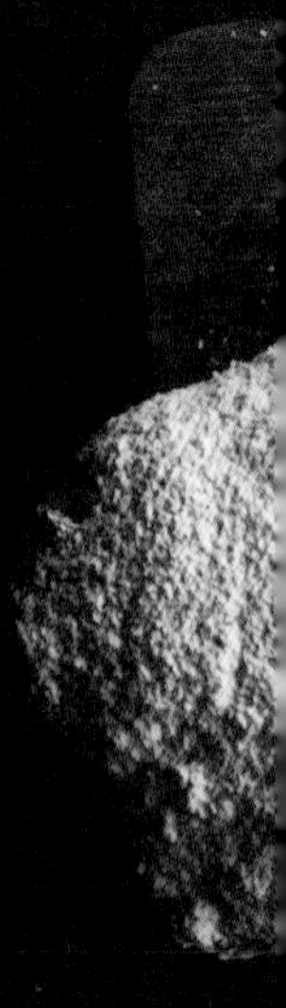

シュトーレン → Page 64

おいしい食べごろ	保存期間
10日後〜	2ヶ月

シュトーレン

クリスマスに欠かせない定番の発酵菓子。ドライフルーツの風味がゆっくり生地に移り、
今日よりも明日、明日よりも明後日と熟成味が増していきます。
仕上げに澄ましバターを塗り、粉砂糖をたっぷりふることがおいしく保存するコツです。

材料（25×9×高さ4.5cm 1個分）

牛乳…45ml
天然酵母（ドライイーストタイプ）…7g

A
- 薄力粉…70g
- グラニュー糖…小さじ1

B
- 薄力粉…180g
- シナモンパウダー…小さじ¼
- ジンジャーパウダー…小さじ¼
- ナツメグパウダー…小さじ⅛
- クローブパウダー…小さじ⅛

バター（食塩不使用）…40g

C
- グラニュー糖…小さじ2
- 塩…小さじ¼
- 卵…1個

D
- レーズン…90g
- レモンの皮のすりおろし…1個分
- レモンのコンフィ（P.44）…35g
- オレンジのコンフィ（P.44）…35g
- ラム酒…大さじ2

スライスアーモンド…15g
生マジパン（P.23）…30g
バター（食塩不使用）…大さじ1
粉砂糖…適量

＊ フルーツを浸けるアルコールを変えれば、また違った風味を楽しむことができます。カルヴァドスが最近のお気に入り。

準備

- 卵は室温にもどす。
- Bは合わせてふるいにかける。
- Dは合わせてレーズンがもどるくらいまで浸けておく。
- バター大さじ1は湯せんにかけてしばらくおき、分離したら上澄みの透き通った黄色い部分だけを取っておく（写真）。

溶かしバターの上澄み液のことを「澄ましバター」といいます。

作り方

1.

ドライイーストは人肌に温めた牛乳で溶かす。

2.

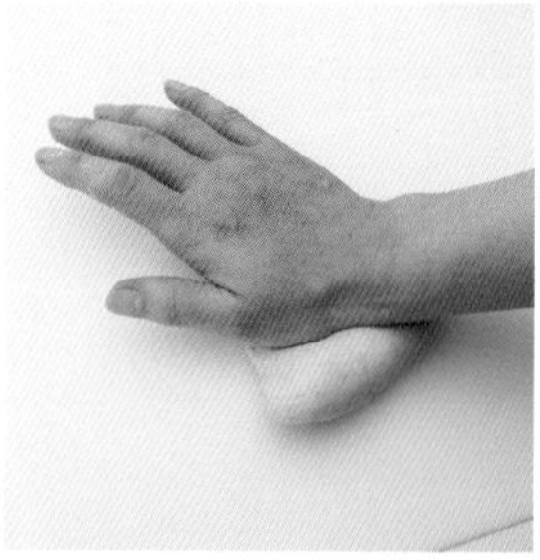

ボウルにAと1を入れ、練ってペースト状にする。まとまってきたら、きれいなボードなどの上でこねてボウルに戻す。

3.

ボウルなどでふたをし、2倍くらいにふくらむまで室温（30℃くらいの暖かいところ）におく。

4.

別のボウルにBとバターを入れ、手ですり合わせてそぼろ状にする。

5.

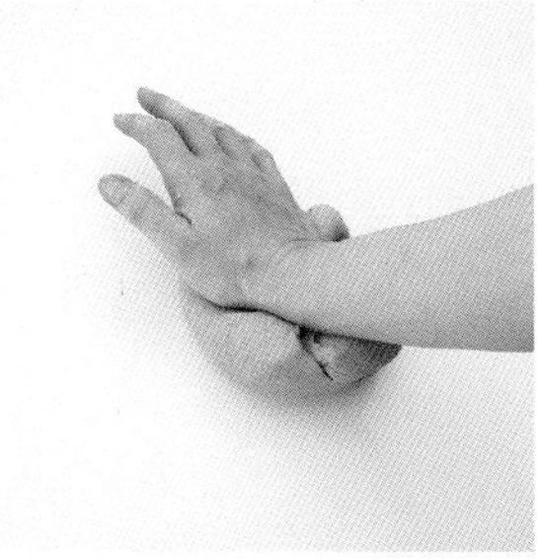

Cと3を加え、弾力が出るまで手でこねる。

6.

Dとアーモンドを加えてこね、ふたをして2倍くらいにふくらむまで室温におく。

7.

オーブンペーパーの上に6を置き、麺棒で長さ25cm、幅22cmの楕円形にのばす。

8.

マジパンを25cm長さの棒状にのばし、7の中央に置く。

9.

両端をたたんでしっかり重なるように3つ折りにし、折り目を下にして置く。

10.

オーブンペーパーなどをかぶせ、2倍くらいにふくらむまで室温におく。

11.

天板にのせて溶き卵(分量外)を塗り、180℃に温めたオーブンで30〜40分焼く。

12.

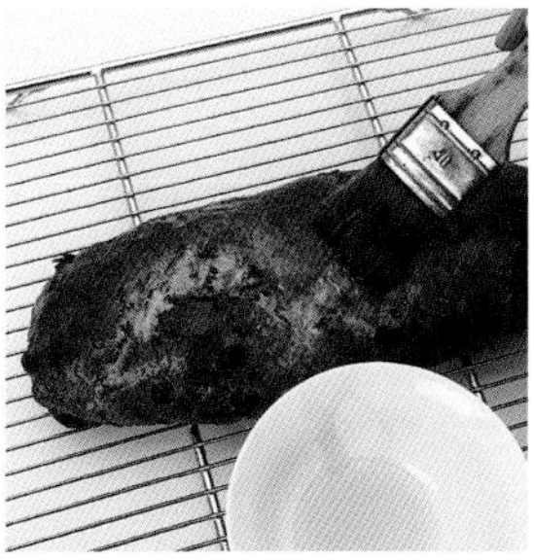

網にのせて粗熱を取り、準備した澄ましバターを塗り、粉砂糖をたっぷりふる。

13.

完全に冷めたらラップで包み、保存袋に入れて冷暗所で4日ほど寝かせる。

ババ→ Page 68

「ババ」はパサついたパンをおいしく食べる方法として生まれたフランスの伝統菓子です。
生地にしみ込んだシロップが素材の風味と一体となり、口いっぱいにじんわり広がります。
瓶に入れて保存しても、もろくならない生地の配合を考えました。

カカオベリーババ→ Page 69
ライ麦スパイスババ→ Page 69

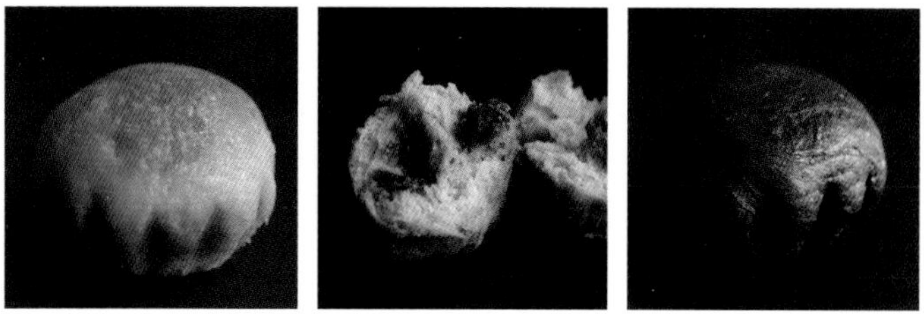

左…ババ
中央…ライ麦スパイスババ
右…カカオベリーババ

ババ

ほんのりオレンジの香りがするババ。
冷やして生クリームを添えて召し上がってください。

おいしい食べごろ	保存期間
4日後～	2週間

＊ シロップのアルコール度数を高くすれば２ヶ月。

材料（直径7cmのブリオッシュ型 10個分）

強力粉…150g
牛乳…大さじ1と½
天然酵母（ドライイーストタイプ）…5g

A
- 卵…1個
- グラニュー糖…12g
- 塩…3g
- オレンジの皮のすりおろし…½個分

バター（食塩不使用）…50g

B
- 水…200ml
- グラニュー糖…100g
- ラム酒…大さじ2

準備

- 卵とバターは室温にもどす。
- 型にバター（分量外）を塗る（フッ素樹脂加工のものは必要ない）。

作り方

1. シロップを作る。鍋にBを入れて中火にかけ、グラニュー糖が溶けたら火からおろし、冷めたらラム酒を混ぜる。
2. ドライイーストは人肌に温めた牛乳で溶かす。
3. ボウルに強力粉をふるいにかけながら入れ、Aと2を加えて（写真a）手でよく練る。生地に弾力がついて表面につやが出たら、バターを加えて均質になるまで練り混ぜる。
4. ボウルなどでふたをし、2倍くらいにふくらむまで室温（30℃くらいの暖かいところ）におく。
5. 4をこぶしでたたき、28gくらいずつに分けて団子状にし（写真b）、型に詰める。
6. オーブンペーパーなどをかぶせ、2倍くらいにふくらむまで室温におく。
7. 190℃に温めたオーブンで15分焼き、粗熱を取って型からはずし、完全に冷めたら1に片面3分くらいずつ浸し、煮沸消毒した瓶に入れる（ときどき瓶を逆さまにすると生地にシロップが均一に行き渡る）。

＊ 直後から食べられるが、寝かせる場合は瓶に入れておく。
食べるときは、冷やして生クリームをたっぷり添える。

a. 塩とイーストが混ざると発酵力が弱まるので、粉にくぼみをつけて塩を離して加えます。

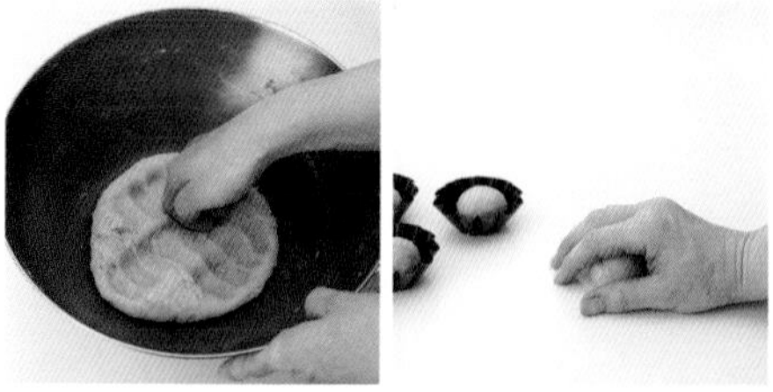

b. たたいて生地の炭酸ガスを分散させたら、手で転がしながら団子状に成形します。

ライ麦スパイスババ

ライ麦入りの生地にスパイシーなシロップをしみ込ませました。

おいしい食べごろ	保存期間
4日後〜	2週間

＊ シロップのアルコール度数を高くすれば2ヶ月。

材料（直径7cmのブリオッシュ型 10個分）

A
- 強力粉…130g
- ライ麦粉…20g

- 牛乳…大さじ2
- 天然酵母（ドライイーストタイプ）…5g

B
- 塩…2g
- グラニュー糖…12g
- 卵…1個

- バター（食塩不使用）…50g
- ドライいちじく…50g

C
- 水…150ml
- ブラウンシュガー…15g
- はちみつ…30g
- シナモンスティック…½本
- コリアンダーシード…10粒
- カルダモン…3粒

- ラム酒…25ml

準備

- 卵とバターは室温にもどす。Aは合わせてふるいにかける。
- ドライいちじくは5mm角くらいに切る。コリアンダーシード、カルダモンはつぶし、カルダモンはさやから種を取り出す。
- 型にバター（分量外）を塗る（フッ素樹脂加工のものは必要ない）。

作り方

1. 鍋にCを入れて中火にかけ、沸騰したら弱火で2〜3分煮て、冷めたらラム酒を混ぜる。
2. ドライイーストは人肌に温めた牛乳で溶かす。
3. ボウルにA、B、2を入れて手で練り、弾力がついてつやが出たら、バターを加えて練り混ぜ、ボウルなどでふたをして2倍くらいにふくらむまで室温におく。
4. こぶしでたたいてドライいちじくを加えて練り、P.68の5〜7と同様に成形して焼き、1に浸して瓶に入れる。

＊ 直後から食べられるが、寝かせる場合は瓶に入れておく。
食べるときは、冷やして生クリームをたっぷり添える。

カカオベリーババ

赤ワインシロップがしみて、レーズンがまるで赤い果実のように。

おいしい食べごろ	保存期間
4日後〜	2週間

＊ シロップのアルコール度数を高くすれば2ヶ月。

材料（直径7cmのブリオッシュ型 10個分）

A
- 強力粉…125g
- カカオパウダー…10g

- 牛乳…大さじ1
- 天然酵母（ドライイーストタイプ）…5g

B
- 塩…2g
- グラニュー糖…50g
- 卵…1個

- バター（食塩不使用）…50g
- プレーンヨーグルト…大さじ1
- レーズン…50g

C
- グラニュー糖…50g
- 赤ワイン…150ml

- ウォッカ…25ml

準備

- 卵とバターは室温にもどす。Aは合わせてふるいにかける。
- 型にバター（分量外）を塗る（フッ素樹脂加工のものは必要ない）。

作り方

1. 鍋にCを入れて中火でグラニュー糖を溶かし、火からおろして冷まし、ウォッカを混ぜる。
2. ドライイーストは人肌に温めた牛乳で溶かす。
3. ボウルにA、B、2を入れて手で練り、弾力がついてつやが出たら、バターとヨーグルトを加えて練り、ボウルなどでふたをして2倍くらいにふくらむまで室温におく。
4. こぶしでたたいてレーズンを加えて練り、P.68の5〜7と同様に成形して焼き、1に浸して瓶に入れる。

＊ 直後から食べられるが、寝かせる場合は瓶に入れておく。
食べるときは、冷やして生クリームをたっぷり添える。

クグロフ → Page 72

クグロフショコラ→ Page 73

おいしい食べごろ	保存期間
1週間後〜	1ヶ月

クグロフ

「クグロフ」はフランスやオーストリアなどに伝わるクグロフ型で焼いた伝統菓子。
卵とバターをふんだんに使ったリッチな味わいの発酵菓子です。
日ごとに洋酒に浸かったドライフルーツの風味が生地に移り、熟成されていきます。

材料（直径18cmのクグロフ型 1台分）

強力粉…250g

A
- 卵…3個
- グラニュー糖…20g
- 塩…4g
- レモンの皮のすりおろし…½個分

牛乳…大さじ1
天然酵母（ドライイーストタイプ）…6g
バター（食塩不使用）…140g
レーズン…100g
ラム酒…大さじ2
アーモンド…14粒
卵白…少々
バター（食塩不使用）…35g
粉砂糖…適量

準備

- 卵とバター140gは、室温にもどす。
- レーズンはラム酒に浸けてもどす。
- バター35gは湯せんにかけて溶かし、分離した上澄み液を取り、澄ましバターにする（P.64）。
- 型にバター（分量外）を塗る（フッ素樹脂加工のものは必要ない）。

作り方

1. ドライイーストは人肌に温めた牛乳で溶かす。
2. ボウルに強力粉をふるいにかけながら入れ、A、1を加えて手でよく練り、生地に弾力がついて表面につやが出たら、バター、もどしたレーズンの順に加えて均質になるまで混ぜる。
3. ボウルなどでふたをし、2倍くらいにふくらむまで室温（30℃くらいの暖かいところ）におく。
4. アーモンドに卵白を塗り、型の底に並べる（写真a）。3をこぶしでたたき、型の形に合わせて詰め（写真b）、オーブンペーパーなどをかぶせて2倍くらいにふくらむまで室温におく。
5. 180℃に温めたオーブンで40分焼き、粗熱を取って型からはずす。澄ましバターを刷毛で塗り、粉砂糖をふる。冷めたらラップで包み、保存袋に入れて冷暗所で3日ほど寝かせる。

a. はがれないように卵白を塗りながら、クグロフ型の底にアーモンドを並べます。

b. たたいてガス抜きをしたら、型に合わせて生地の真ん中に穴をあけると入れやすいです。

おいしい食べごろ	保存期間
1週間後〜	1ヶ月

クグロフショコラ

カカオ味にブランデー風味が日ごとに移っていくのを楽しむクグロフ。
口に含むと、チョコレートのほろ苦さが広がります。
気品あるたたずまいは、特別な日のプレゼントにもおすすめです。

材料（直径18cmのクグロフ型 1台分）

A
- 強力粉…180g
- 全粒粉…10g
- アーモンドパウダー…60g
- カカオパウダー…12g

牛乳…大さじ1
天然酵母（ドライイーストタイプ）…6g

B
- 卵…3個
- グラニュー糖…75g
- 塩…4g

バター（食塩不使用）…130g
チョコレートチップ…50g

C
- グラニュー糖…50g
- 水…40ml

ブランデー…25ml

準備

- 卵とバターは室温にもどす。
- Aは合わせてふるいにかける。
- 型にバター（分量外）を塗る（フッ素樹脂加工のものは必要ない）。

作り方

1. シロップを作る。鍋にCを入れて中火にかけ、グラニュー糖が溶けたら火からおろし、冷めたらブランデーを混ぜる。
2. ドライイーストは人肌に温めた牛乳で溶かす。
3. ボウルにA、B、2を入れて手でよく練り、生地に弾力がついて表面につやが出たら、バターを加えて均質になるまで混ぜる。
4. ボウルなどでふたをし、2倍くらいにふくらむまで室温（30℃くらいの暖かいところ）におく。
5. 4をこぶしでたたいてチョコレートチップを加えて練り、型の形に合わせて詰め、オーブンペーパーなどをかぶせて2倍くらいにふくらむまで室温におく。
6. 180℃に温めたオーブンで40分焼き、粗熱を取って型からはずし、1を刷毛で塗る。冷めたらラップで包み、保存袋に入れて冷暗所で3日ほど寝かせる。

おいしい食べごろ	保存期間
10日後〜	3週間

オレンジイーストケーキ

一次発酵のみで手軽に作れるイーストケーキです。
生地にしみ込んだシロップとオレンジの香りが、口いっぱいに広がります。
オレンジは国産ネーブルオレンジや甘夏などがおすすめ。無農薬のものを選んでください。

材料（直径18cmのケーキ型 1台分）

A
- 強力粉…70g
- アーモンドパウダー…50g

B
- ブラウンシュガー…20g
- グラニュー糖…20g
- 卵…1個
- サワークリーム…30g
- オレンジの皮のすりおろし…½個分

- 牛乳…大さじ1
- 天然酵母（ドライイーストタイプ）…3g
- バター（食塩不使用）…50g
- オレンジのコンフィ（P.44）…½個分

C
- グラニュー糖…50g
- 水…40ml

- ブランデー…25ml

準備

・ 卵とバターは室温にもどす。
・ Aは合わせてふるいにかける。
・ 型にバターを塗って強力粉をふり（ともに分量外）、底に合わせて円形に切ったオーブンペーパーを敷き、冷蔵庫に入れておく。

作り方

1. シロップを作る。鍋にCを入れて中火にかけ、グラニュー糖が溶けたら火からおろし、冷めたらブランデーを混ぜる。
2. ドライイーストは人肌に温めた牛乳で溶かす。
3. ボウルにA、B、2を入れてゴムべらで練るように混ぜ、生地に弾力がついたら、バターを加えて均質になるまで混ぜる（写真a）。
4. ボウルなどでふたをし、2倍くらいにふくらむまで室温（30℃くらいの暖かいところ）におく。
5. 型に入れてオレンジのコンフィをのせ（写真b）、10分ほどおいて180℃に温めたオーブンで40分焼く。
6. 粗熱を取って型からはずし、1を刷毛で塗って生地にしみ込ませる（写真c）。冷めたらラップで包み、保存袋に入れて冷暗所で2日ほど寝かせる。

a. ひとつひとつの素材がなめらかに混ざるまで、練るようにして混ぜ合わせます。

b. 発酵した生地を型に流し入れ、上にオレンジコンフィを少し重ねながら並べます。

c. 型からはずして皿などにのせ、刷毛でシロップをたっぷり塗ってしみ込ませます。

カプチーノイーストケーキ

ほろ苦いケーキにくるみとシナモンのクランブルがアクセント。

おいしい食べごろ	保存期間
10日後〜	1ヶ月

材料（直径18cmのケーキ型 1台分）

A
- 強力粉…70g
- 薄力粉…25g
- アーモンドパウダー…25g

B
- 塩…2g
- ブラウンシュガー…25g
- グラニュー糖…25g
- 卵…1個
- サワークリーム…90g

- ぬるま湯…大さじ1
- 天然酵母（ドライイーストタイプ）…3g
- インスタントコーヒー…大さじ2
- バター（食塩不使用）…50g

C
- くるみ…30g
- ブラウンシュガー…40g
- 薄力粉…50g
- シナモンパウダー…小さじ½
- バター（食塩不使用）…40g

D
- グラニュー糖…50g
- 水…40ml

- ブランデー…25ml

準備

- 生地用のバター50gは室温にもどす。
- Aは合わせてふるいにかける。
- くるみは150℃に温めたオーブンで15分乾燥焼きをし、粗みじん切りにする。
- 型にバターを塗って強力粉をふり（ともに分量外）、底にオーブンペーパーを敷き、冷蔵庫に入れておく。

作り方

1. 鍋にDを入れて中火にかけ、グラニュー糖が溶けたら火からおろし、冷めたらブランデーを混ぜる。
2. Cをボウルに入れ、手ですり合わせてそぼろ状にする。
3. ぬるま湯でドライイーストとインスタントコーヒーを溶かす。
4. 別のボウルにA、B、3を入れてゴムべらで弾力がつくまで練り混ぜ、バターも混ぜ、2倍くらいにふくらむまで室温におく。
5. 型に4の½量、2の½量の順に交互に入れて2層にし、10分ほどおいて180℃に温めたオーブンで40分焼く。
6. 粗熱を取って1をかけ、生地にしみ込んだら型からはずす。冷めたらラップで包み、保存袋に入れて2日ほど寝かせる。

りんごのイーストケーキ

ふんわりしっとり、りんごの香りがたまらないケーキです。

おいしい食べごろ	保存期間
10日後〜	3週間

材料（直径14cmの鍋* 1台分）

A
- 強力粉…70g
- 薄力粉…25g
- アーモンドパウダー…25g

B
- グラニュー糖…40g
- 卵…1個
- プレーンヨーグルト…30g

- 牛乳…大さじ1
- 天然酵母（ドライイーストタイプ）…3g
- バター（食塩不使用）…50g
- りんご…½個
- レーズン…20g

C
- グラニュー糖…50g
- 水…40ml

- ブランデー（またはコニャック）…25ml

＊ 鍋はオーブンの使用が可能な材質を選んでください。

準備

- バターは室温にもどす。Aは合わせてふるいにかける。
- りんごは皮をむいて芯を取り、1cm角に切る。
- 型（鍋）にバターを塗って強力粉をふり（ともに分量外）、底にオーブンペーパーを敷き、冷蔵庫に入れておく。

作り方

1. 鍋にCを入れて中火にかけ、グラニュー糖が溶けたら火からおろし、冷めたらブランデーを混ぜる。
2. ドライイーストは人肌に温めた牛乳で溶かす。
3. ボウルにA、B、2を入れてゴムべらで練るように混ぜ、弾力がついたらバターを加えて均質になるまで混ぜ、2倍くらいにふくらむまで室温におく。
4. 型に3の½量を入れ、側面につかないようにりんごとレーズンをのせ、残りの生地を流し入れて10分ほどおく 。
5. 180℃に温めたオーブンで40分焼く。粗熱を取って1をかけ、生地にしみ込んだら型からはずす。冷めたらラップで包み、保存袋に入れて2日ほど寝かせる。

材料について

本書のレシピで使用した主な材料です。
ベースは普通のお菓子作りと変わらず、ご家庭にある身近な材料で作れます。

卵

卵はMサイズ(1個=60g)を使用しています。新鮮なものを選び、あらかじめ室温にもどしておきます。生地に混ぜるときは卵黄と卵白に分け、卵黄を加えて混ぜてから卵白を少しずつ加えると分離しにくいです。

粉

粉の配合で食感や風味が変わります。(左上から時計回りに)独特の酸味のあるライ麦粉、軽い食感になるコーンスターチ、栄養豊富で香ばしい風味の全粒粉、もっちりと弾力が出る強力粉、ふんわりとした食感の薄力粉。

砂糖

グラニュー糖、ブラウンシュガー、黒糖を使用。粒の細かいグラニュー糖は混ざりやすく、上品な甘さです。ミネラルやビタミンを含むブラウンシュガーや黒糖は、コクと深みのある甘さがあり、天然素材とのなじみもよいです。

油脂

生地にコクと濃厚な風味を与えます。バターは食塩不使用のものを使用。溶かしバターの上澄み液(澄ましバター)を塗ると保存性が高まります(P.64、72)。オリーブオイルはスパイシータイプが焼き菓子には適しています。

牛乳

生地に加えるほか、イーストタイプのケーキ(P.62~)ではドライイーストを溶かすときに人肌に温めた牛乳を使用します。低脂肪のものは風味やコクが落ちてしまうので、お菓子作りには普通の牛乳のほうがおすすめです。

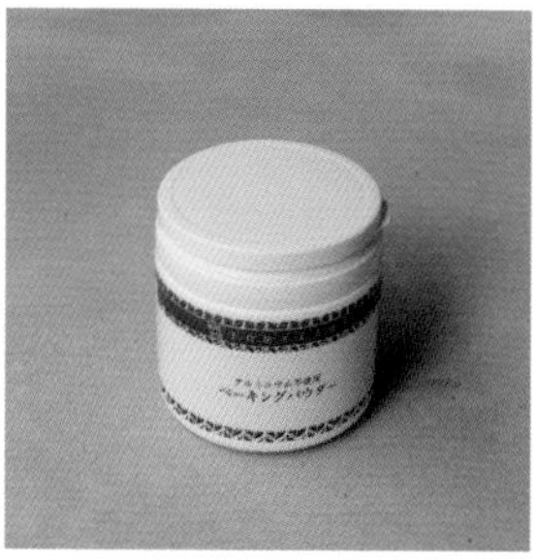

ベーキングパウダー

ふくらし粉とも呼ばれる膨張剤で、ベイクドタイプ(P.12~)、スチームタイプ(P.40~)のケーキで使用。粉類といっしょにふるって加えます。できれば食品添加物原料を極力少なくしたアルミニウムフリーがベター。

型について

本書のレシピで使用した型を紹介します。
専用の型がなくても、ご家庭にある鍋やボウルを使って焼くこともできます。

パウンド型 (20×9×高さ8cm)

四隅の角や側面の立ち上がりの角度などによって表情が変わるので好みのものを選んで。

ケーキ型 (直径18cm)

ブリキ製は熱伝導がよくておすすめ。フッ素樹脂加工のものは焦げつきにくく型から取り出しやすい。

マンケ型 (18cm角)

形状が上に向かって広がっているのが特徴で均一に焼くことができる。円や楕円など形はさまざま。

クグロフ型 (直径18cm)

伝統菓子「クグロフ」に使われる凹凸のある型で華やかな仕上がりに。フッ素樹脂加工のものが便利。

ブリオッシュ型 (直径7cm)

フランスの伝統菓子「ブリオッシュ」の型。ババ型の代替えとして使用。丸みのある形が可愛らしい。

プリン型 (口径9cm・容量200ml)

ココナッツバナナ (P.60) で使用。材質はさまざまあり、フッ素樹脂加工のものは型からはずしやすい。

鍋 (直径12cm・口径16cm／直径14cm・口径18cm)

厚手の鍋は火の回りがやさしく、ふっくら焼ける。形状が上に広がっていると焼き縮みが気にならない。

ボウル (直径18cm・内径:口径16cm・底の直径8cm・高さ7cm)

耐熱性のボウルを使用。熱の伝わりが柔らかく、均一に火が通る厚みのあるものがおすすめ。

型の代替えについて

各レシピの型はケーキの個性に合わせて選んでいますが、限定せず、お手持ちのもので作っても構いません。
ただし、型の形状や材質によって焼き時間は異なります。高さのあるケーキよりも薄いケーキのほうが、ケーキ型よりもクグロフ型のような中に空洞があるもののほうが早く焼けるなど、違いが出てきます。焼き上がりの目安は、表面に焼き色がつき、竹串を刺して何もつかなくなるまで。そのつど様子を見ながら調整してください。

磯貝由恵（いそがいよしえ）

パリのリッツ・エスコフィエをはじめ、フランス各地で料理、製菓を学ぶ。滞在中に触れたクリスマス文化をきっかけに、ヨーロッパ各地に伝わる伝統菓子に惹かれる。独自のレシピのクリスマス用熟成ケーキは、25年以上焼き続けている。現在、家庭料理ならではのおいしさと調理方法を追求し、日々の食生活に取り入れやすいレシピを提供している。料理教室「エコール・ド・ガストロノミ・ラフィネ」を主宰。著書に『魔法の「オイル漬け」BOOK』（小社）、『オリーブオイルでフランス菓子』『オリーブオイルで大人のおやつ』（ともに文化出版局）、『ガレットとクレープの本』（グラフ社）。

装 丁 …… 釜内由紀江 / 五十嵐奈央子（GRiD）
本文デザイン …… 清田優 / 國宗惇
撮 影 …… 下村しのぶ
スタイリング …… 石井佳苗
編 集 …… 矢澤純子

本書で使用した「天然酵母（ドライイーストタイプ）」は、「白神こだま酵母ドライ」です。
商品の情報やお問い合わせ先は下記をご参照ください。

株式会社サラ秋田白神　HP https://www.sala1.jp/

本書の内容に関するお問い合わせは、お手紙かメール（jitsuyou@kawade.co.jp）にて承ります。
恐縮ですが、お電話でのお問い合わせはご遠慮くださいますようお願いいたします。

熟成ケーキ
シュトーレン、クグロフ、プディングetc.
寝かせて美味しい珠玉のお菓子レシピ

2014年11月30日　初版発行
2023年 9 月20日　新装版初版印刷
2023年 9 月30日　新装版初版発行

著　者　磯貝由恵
発行者　小野寺優
発行所　株式会社河出書房新社
〒151-0051 東京都渋谷区千駄ヶ谷2-32-2
電　話　03-3404-1201（営業）
03-3404-8611（編集）
https://www.kawade.co.jp/

印刷・製本　三松堂株式会社
Printed in Japan
ISBN978-4-309-29331-8

●本書は、小社刊行『熟成ケーキ』（2014年11月）を新装したものです。